{ 온라인 사업의 결정적 포인트 40 }

세움과 비움
Seum&Bium

온라인 사업의 결정적 포인트 40

초판 1쇄 인쇄 2013년 1월 15일
개정판 1쇄 발행 2017년 6월 10일

지은이 유세희
펴낸이 백도연
펴낸곳 도서출판 세움과비움

신고번호 제2012-000230호
주 소 서울 마포구 양화로16길 2층
Tel. 02-8862-5683
Fax. 02-6442-0423
seumbium@naver.com

ISBN 978-89-98090-23-4

값 12,700원

All About
Online Business

{ 온라인 사업의 결정적 포인트 40 }

지은이 | 유세희

세움과 비움
Seum&Bium

인생은 마치 일기의 변화와도 같다.

물의 흐름처럼 시시각각으로 변화한다.

따스한 날이 있는가 하면 태풍이 몰아치는 날도 있다.

태풍이 몰아친다고 좌절하고 한숨만 지을 일이 아니다.

자고 나면 날은 개이고 즐거운 일들이 다시 생긴다.

그러니 시시각각으로 변화는 삶에 일희일비 할 것이 아니다.

파도치는 바다에 배가 롤링을 하듯 그렇게 힘을 빼고

변화와 함께 흔들릴 수 있어야 한다.

그건 두려워해야 할 일이 아닌 지극히 당연하고도 현명한 일이다.

나아가 현재 일어나는 상황을 즐기고 상황의 변화를 이용할 줄 알아야 한다.

변화는 생명의 본질이다.

오늘 너에게 일어날 많은 일들에 대해서 열린 생각을 하며 대응해 나가라.

-지금 곁에 두고 읽는 손자병법 中에서 -

contents

contents

프롤로그

우선, 이 책을 선택해 주신 것에 대해 감사드립니다.

저는 그저… 여러분들과 같은 평범한 사람이며 대단한 사람은 아닙니다. 단지 온라인을 통해 상품을 판매한다는 것에 대하여 관심이 많아, 조금 먼저 온라인 사업을 시작했을 뿐 입니다. 저는 이 책을 통해 저의 소소한 온라인 판매에 대한 이야기를 공유하려 합니다.

우선, 온라인판매에 관심을 갖게된 이유는 바로, 저의 '노후설계' 때문 이었습니다. 온라인 판매는 나이가 들어서도 1인 기업으로도 할 수 있는 사업이라고 생각하기 때문입니다.

아이템이 경쟁력이 있고 확실하다면 많은 비용과 여력없이도, 인터넷을 통하여 24시간 판매할 수 있고 정해진 시간에 상품을 배송하고 클레임만 받아주면 된다는 생각 때문이었습니다.

이 생각은 10년전에도 그랬고, 지금도 변함이 없습니다. 그래서 중간 중간에 다른 일도 해보고 있지만 온라인 판매에 있어서는 끝없이 지켜보고 연구할 것입니다. 물론, 제 노후를 위해서요 ^^

결국, 책을 내겠다는 각오로 밤낮 열심히 글을 처음 써서 원고를 가지고 여기저기 출판사를 돌아다닌게 엊그제 같은데 벌써 5년이라는 시간이 흘러, 이번에 책을 업데이트하여 다시 출간하게 되었습니다. 글을 썼던 그 시절과 지금의 온라인 시장을 비교해보면 아주 많은 변화는 없었으나, 다만, - 온라인 시장의 규모가 점점 더 커지고 있고 앞으로도 성장 할거라는 예상을 할 수 있습니다.

다만, 변화가 있다면, 각 판매채널별의 마켓 비중, MD, 수수료, 광고비용 등이라고 하겠네요.

결국, 시간이 흐르면서 온라인시장에서 살아남는 법이 무엇일까? 생각해보면 처음 글을 썼을 때와 지금과 큰 다른 방법이 생긴것은 아니라는 생각이 듭니다. 중요한 것은 기본적인 부분을 충실히 하고 내가 판매하는 상품에 대한 애정과 자신감을 가지면 된다는 것이 제 판단입니다.

그래도, 나름 두 번째 책인데 변화무쌍한 시대에 5년전 내용을 그대로 인쇄하는건 아니라고 생각하고 구매해주신 분들을 위해, 그리고 앞으로 구매해주실 분들을 위해서라도 성의 있는 업데이트를 하는 것이 맞다고 생각되어 그동안 알게 된 여러 탑셀러분들에게 추가해줄 부분을 요청하여 제 생각 이외에 다른 탑셀러들의 이야기도 추가하였으니 현재 온라인 시장 내용을 잘 반영하는 책라고 생

각합니다.

또한, 온라인 시장만이 아닌 전반적인 마케팅 내용이 아닐까 싶습니다. 21세기에 온라인 마케팅은 없어서는 안 될 상황에 처해져 있기 때문입니다.

제 이야기를 읽다 보면, 재미있는 부분도 있겠지만 부족한 부분이 있다고 생각하시는 분들이 당연히 계실 것입니다.

그럼에도 불구하고 제 이야기를 하는 이유는 온라인 판매 사업을 하면서 판매를 많이 하는 셀러(탑셀러)들은 아시는 내용이겠지만 온라인으로 모든 것이 진행되다보니 표면적으로 공유할 수 없는 부분이 있기 때문입니다.

또한, 그 부분이 재밌기도 하구요^^, 판매자 뿐만아니라 구매자들도 읽으면 온라인 판매 세계를 이해하여 구매의 실패보다는 득템을 할 수 있는 아이디어를 가지게 될 것입니다

저 또한, 판매도 해봤지만, 구매를 많이 하면서 배운 부분도 30% 이상 될 것 같습니다.

아무쪼록 넓은 마음으로 이해 부탁드리며 대신 이 글을 읽어 주시는 분들을 위해 많은 노력을 했다는 것을 알아주셨으면 좋겠습니다.

스토리 하나하나에 저의 모든 에너지를 담았습니다. 온라인 판매 하느라 주말 빼고는 시간이 많지 않았지만 평일에도 주말에도 시간을 내어 글을 쓰기 전에 제 기분을 먼저 즐겁게 만드는 시간을 보냈습니다.

음악을 30분~한 시간 정도 들으며 즐겁고 재미있는 생각만 하면

서 제 컨디션을 긍정적인 에너지가 충만한 상태로 만든 후에야

글을 쓰기 시작했습니다. 그렇게 해야 제 이야기를 좀 더 재미있고 집중적으로 여러분에게 이야기할 수 있을 것 같았기 때문입니다

제 기분을 끌어올린 다음 글을 쓰는 것이 좋은 방법인지는 잘 모르겠습니다.

하지만, 한 가지 확실한 건 제가 글을 쓰면서 즐거웠다는 것입니다.

인생은 제가 행복한 만큼 상대방도 행복하고 제가 불행한 만큼 상대방도 불행하다는 걸 알고 있기에 시도한 작업입니다. ^^

이 글을 읽으시면서 저의 행복하고 즐거운 에너지를 공유하셨으면 좋겠고 앞으로 어떤 일을 하시든지 여러분의 인생에 행복감이 더욱 커지길 바라며 제 이야기를 시작합니다.

아침 9시 땡!

저는 오늘도 각 판매 채널마다, 상품 건마다 주문량을 확인하고 (물론 주문확인 및 송장등록, 발송까지 모두 나눠서 함. 시간이 많이 걸림), 모든 온라인의 판매 채널 쇼핑을 시작합니다.(특히 각 판매 채널의 맨 앞부분의 행사 내용 및 일간, 주간 등의 추천상품을 유심히 봅니다. 이유는, 앞부분에 노출되거나 행사하는 상품들은 MD와 판매자의 의지를 알 수 있고, 상품판매의 트렌드를 읽을 수 있기 때문입니다)

G사, A사, 11사, I사, T소셜, C소셜, W소셜, G소셜 등…. 만약 위 이니셜을 모두 이해한다면, 온라인 판매사업의 반은 성공했다고 보시면 될 겁니다. 온라인에서 판매를 해서 대박이 나고 싶다면, 대박이 터질 것까지 미리 생각을 하고 준비를 해야 사업이 뻗어 나갈 수 있다고 생각합니다. 판매처의 MD[1]와의 정산가 및 판매가 협상 및 일정, 물량확보, 배송준비, 창고까지 준비가 되어야만 MD에게 신뢰를 얻으며 행사를 자주 할 수 있게 되죠.

---

1) Mmerchandiser의 약자. 상품화 계획 또는 상품기획을 전문적으로 하는 사람

이 책을 쓰면서 온라인 시장의 본색을 너무 많이 드러내게 되어 그동안 제가 몸담아 온 온라인 판매 관련 인맥 네트워크를 위험한 상황에 빠트리는 것은 아닌지, 그래서 이 책이 출판되는 시점에 저는 온라인 시장을 떠나야 하는 건 아닌지 걱정이 되기도 합니다. 그럼에도 불구하고 저는 제가 가지고 있는 것의 대부분을 독자 여러분에게 보여드리려고 합니다. 그렇더라도 순식간에 변하는 온라인 시장의 특성상 모든 것을 보여드리지는 못할 것입니다. 그런 내용들은 추후에 직접 혹은 간접적인 방법으로 알려드리려고 노력하겠습니다.

저의 책을 읽으신 분들 중에는 너무 MD얘기가 많다, 상품 판매하는 게 중요하지, 왜 MD와 굳이 연락해서 판매를 해야 하나? 등의 부정적인 문의가 있었습니다.

물론, 그런 질문도 존중합니다.현재 내 상품이 아무도 가지고 있지 않고, 혁신적이거나 개성 있는 상품이거나, 마진이 좋아서 굳이 MD와 연락을 하지 않고 정해진 수수료를 내고 판매하면 크게 문제가 없습니다.

여기서 중요하게 말하고 싶은 포인트는 만약 자신의 아이템이 위의 내용에 속한다면 판매하는데 있어, MD와 상의하여 수수료를 세이브 하여 절감하는 것도 수익의 일종이기 때문입니다. 또한, 큰 비용이 없이 MD가 화면 상위에 노출을 해줄수도 있기 때문입니다. 향후 판매를 많이 하고 싶은 분들이라면 MD와의 관계없이는 시간적으로나 비용 적으로 더 많이 들 수도 있습니다.

한 친구가 대학교를 다니고 있고 시험을 준비한다고 봅시다. 중고등학교와는 다르게, 대학교에서는 한과목만 수강을 해도 그 영역의 범위가 굉장히 넓습니다. 시험 준비를 하려면, 그 두꺼운 책을 다 읽고 외워야 겠지요.(물론 수업시간에 열심히 들으면 힌트를 얻기도 하겠지만요) 하지만, 만약 교수님과 친해진다면 상황은 어떻게 될까요?

교수마다 특색이 있어서 수업시간에 알려준 내용을 시험에 내기도 하고 알려주지 않고 개인의 생각을 적으라는 내용을 시험에 내기도 하며 혹시나 자기 생각과 다르다고 점수를 낮게 줄 수도 있습니다. 워낙 대학에서 배우는 내용들은 범위가 넓어서 감을 잡기가 힘들고 책을 다 이해하는데 시간도 많이 걸립니다.

온라인 시장도 마찬가지입니다. 굉장히 좋은 가격, 품질 등을 가진 상품이 있는데 생각만큼 판매가 덜한 것들도 많습니다.

가끔은 MD의 관심 유무에 따라 판매량도 달라지니까요. 결국, 제가 말씀 드리고 싶은 건 MD랑 친하게 지내지 않더라도 그들과 커뮤니케이션을 지속적으로 한다면 현재 트렌드나 내 상품의 부족한 점 등을 배울 수 있는 기회도 주어집니다.

그러기에 제 책에서 MD의 내용을 뺀다면, 단팥빵에 팥이 없는 빵이 되어버립니다 ^^

위와 같은 이야기는 온라인 판매에서만 국한된 것이 아닙니다.

회사생활도 마찬가지입니다. 내가 좋은 아이템이라고 생각하고 밀어붙이지만 윗사람이 좋아할지, 만약 출시했을 때 많은 사람들이

좋아할지 확인하고 끈임없이 수정하며 공부해야 합니다. 그럴려면 내 아이템을 누구와 상의해봐야 할까요.

 이 책은 온라인 판매를 준비하시는 분들에게는 앞으로 경험해야 할 부분들을 미리 경험할 수 있도록 도와드릴 것이며 이미 온라인 판매를 하고 있는 분들에게는 판매 증진을 위해 해야 할 일들에 대해 짚어드리는 지침이 될 것입니다.

 다른 카테고리는 잘 모르지만, 온라인 판매에 대해서는 자신 있다고 생각합니다.

 그리고 그 비결로는 경험을 빼놓을 수 없겠고 다음으로 비즈니스 방법, 영업력, 약간의 속임수(?) 등 이라고 생각합니다.

 인간은 모두 다르듯이 이 책을 읽으면서 나만의 비법을 만들어 가셔야 합니다. 그냥 가만히 남의 경험이나 한 번 읽어보자는 생각으로 읽지 마시고, 펜이나 형광펜을 준비해서 줄 쳐가며 앞으로 내가 해야 할 일이라고 생각하면서 읽으셔야 됩니다.

 이 책의 과정을 거치지 않고서는 온라인 판매에서 아무것도 할 수 없다고 확신합니다. 물론, 저도 온라인 판매 관련된 책들을 읽어 봤는데요. 보통 대학교에서 배우는 이론 같은 느낌이 들었습니다. 그 책들을 쓴 사람들은 온라인에서 직접 판매를 한 분들이 기보다는 강의을 주로 하시는 똑똑한 분들이라 이론을 아주 객관적으로 잘 만드셨더라구요. 이런 이론을 설명한 책들은 이미 시중에 많이

나와 있습니다. 그래서 저는 서점에 없으며 저만 가지고 있는 내용을 쓰는 게 경쟁력이 있겠다고 생각했습니다.

아쉬운 점이 있다면 조금만 더 일찍 책을 써서 이론과 실제가 함께 있는 책을 냈다면 하는 것입니다. 그렇게 되었다면 이론을 이해하기 위해 다른 책을 또 사는 불편을 겪지 않아도 될 텐데 말이죠.

하지만, 전 워낙 긍정적이기 때문에 과거에 책 쓰는 시간 대신 MD, PD를 만나 더 즐겁고 재미있었던 경험을 할 수 있었기 때문에 이렇게 됐든 저렇게 됐든 행복했고 지금도 행복하다고 생각하고 있습니다.

이 책의 내용은 제가 5년 동안 온라인을 통해 판매하면서 보고 느끼고 경험했던 내용만 100% 적었으며, 그 내용들을 나열한 것이라 약간은 두서가 없을 수는 있습니다. 그리고 제가 노트에 메모한 내용들의 순서를 바꾸지 않고, 그대로 책으로 만들었는데 그 이유는 제가 직접 느끼고 배운 내용의 순서이기 때문에 읽는 여러분에게도 같은 순서를 공감하게 해주고 싶었으며, 만약 비슷한 내용끼리 묶는다면, 내용이 지루해질 수도 있다는 생각이 들었기 때문입니다.

이런 제 마음을 이해해 주시기 바라며, 특히 경쟁력 있는 아이템을 가지고 있다면, 제 경험을 꼭 공유하여 담아 주시기를 당부드립니다. ^^

대박과 온라인 판매

최근 몇 년 동안 사회는 먹고살기 힘들어진 상황에서 사람들은 '대박'이라는 단어에 많이 민감해져 있습니다.

특히, 로또와 같은 노력 없는 대박에 의지를 많이 하게 된 이유도 아무리 노력을 해도 잘 안 되는 일이 많기 때문이 아닐까 생각됩니다.

이제는 많은 시간과 땀을 투자해 돈을 버는 시대가 아닌, 짧은 시간이라도 어떻게 하느냐가 관건인 시대가 되었습니다.

온라인 판매 억대 매출 소녀, 소년, 주부 등 대박을 친 많은 판매자들이 자주 뉴스에 등장하곤 하지만, 정작 그들은 결과만 보여줄 뿐, 대박의 과정을 자세하게 보여주지 않고, 그저 부러워만 해야 하는 다가설 수 없는 존재들이었습니다.

억대의 매출

억대의 매출은 달성하기 힘든 것으로 보이지만, 또 다른 시각으로는, 억대의 매출에 대한 내용이 자주 뉴스거리로 등장하는 것(중·고등학생 판매자까지)을 보면, 그것이 어려운 것만은 아니 라고 보이기도 합니다

예를들어, 연간 매출이 1억 원이라고 할 때, 1억 원을 12개월로

나누면 한 달에 천만 원도 안 되는 매출인 것이며, 장사를 잘만 하면, 충분히 연매출을 1억 원 이상 끌어올릴 수 있다는 희망을 가질 수 있다는 결론이 나옵니다.

그렇다고, 무조건 매출에만 급급하는 건 금물입니다. 예전에야 매출에 따라 회사의 규모를 따졌지만, 이제는 매출이 크고 적음를 넘어 매출 대비 순수익의 비율이 더욱 중요한 시대가 되었기 때문입니다. 껍데기보다 속이 알찬 비즈니스가 진짜라는 것 입니다.

누구나 대박을 꿈꾸고 대박을 갈망하지만 노력 없는 대박의 비법은 없음을 이 책 시작하기 전에 미리 말씀드리고 싶습니다. 다만 이 책을 읽으시는 동안 온라인 판매 시장의 전반적인 시스템을 느끼고, 하나씩 차근차근 가슴으로 받아들여 주신다면 땀과 노력, 시간 등 대박이 나기 전에 꼭꼭 눌러 채워야 할 에너지를 조금 더 확실하고 정확하게 구할 수 있게 되실 것입니다.

물론, 독자에 따라서 사업이 대박이 될 수도 있고, 소소하게 판매하게 될 수도 있습니다. 다만, 필자처럼 최소의 경비로 준비할 수 있는 기준으로 글을 올리니, 쪽박 찰 염려는 안 하셔도 될 것같습니다.^^

천천히 여유를 갖고 내 사업을 시작한다는 마음으로 이 책을 받아들여 주신다면, 온라인 판매에 많은 도움이 되리라 의심하지 않습니다.

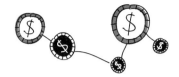

온라인을 통해 판매할수 있는
판매채널 둘러보기

1. 오픈마켓 (Open Market)

규모를 막론하고, 사업자등록증과 통신판매업만 가지고 있으면, 상품을 판매할 수 있는 인터넷 쇼핑몰이다. 사업자(판매자)와 소비자의 중간에서 수수료와 판매자의 광고 비용등으로 수익구조를 갖는다.

최근 네이버에서 진행하는 '샵엔'이라는 마켓은 사업자를 가지고 있지 않더라도 많은 물량을 판매만 하지 않는다면, 개인으로도 판매가 가능하게 구성되어 있다. 수수료는 보통 6~12% 정도 이며(카테고리별 수수료 다름), 정산은 소비자가 구매결정 버튼을 얼마나 빨리 누르냐에 따라 다르게 되지만, 짧게는 2일부터 2주 정도로 보면 된다.

특히, 탑셀러의 경우 MD의 지원을 통해 1~5%의 수수료를 진행하는 경우가 있다.

2. 소셜커머스 (Social Commerce)

페이스북, 트위터 등 소셜 네트워크 서비스(SNS)를 통하여 전자상거래가 이루어지는 판매채널로, 거의 50%가격 이상의 파격적인 초특가상품을 한정된 기간과 수량으로 공동구매자를 모으는 비즈니

스 모델이다.

초기에는 각 지역의 상점 활성화 및 소셜 등록 업체의 쿠폰을 발행하여 수수료를 갖는 이익구조였지만, 최근 5~6년 사이에 각 지역의 MD들의 관리 어려움과 사회 분위기, 적은 마진으로 인하여 지역보다는 공동구매 형식에 큰 비중을 두고 있다.

소셜커머스가 오픈마켓과 다른 점은 상품 판매가를 비교 했을 때 대폭적인 할인율을 자랑한다는 것이다. 그러나 오픈마켓처럼 1~2일 안에 배송되는 것이 아닌, 일정 기간 공동구매를 진행한 후에 배송이 되는 시스템으로, 구매자 중에는 중간에 주문을 취소하기도 하고, 배송을 기다려야 하는 번거로움이 있다. 그러나 최근에는 '빠른 배송' '당일배송'이라는 아이디어로 기존 구매자들의 불편을 해소하였다. 다만, 수수료는 7 ~ 15% 정도로, 오픈마켓보다는 약간 높은 편이며, 오픈마켓처럼 카테고리별로 확실하게 수수료가 정해진 곳도 있고, 각 카테고리 담당 MD의 자질과 판매자의 능력에 의해 정해지기도 한다, 그래서 내가 판매하고 있는 카테고리와 아이템이 수수료가 정해진 곳에서 판매 하는 것이 유리한지, MD와 협의하여 수수료가 변경될 수 있는 것이 유리한지도 계산해봐야 한다.

정산은 대개 배송 완료 후 5일 안에 40 ~ 50% 정산이 되며, 그로부터 20일 후에 취소 및 환불 건 등을 제외한 나머지의 금액이 정산되니, 보통 한 달 정도로 생각하면 됐었는데, 요즘은 한 곳 빼고는 2달이 걸리는 곳이 많다.

또한 소셜커머스가 점점 커지면서, 그 내부의 시스템 또한 계속

변하고 있는데 특히, C사 경우는 다른 데에 비해 남다르다.

보통은 최저가로 광고를 하거나, MD의 역량으로 판매순위기 정해지는데 C사는 MD의 역량보다는, 카테고리별 아이템에서 키워드 1등을 하게 되면 판매수가 2등의 5배정도는 차이가 날 정도로 키워드에 집중된다.

이렇기에 판매가의 최저가에 취중하기 보다는 상품의 댓글수로 많이 좌지우지하게 되는데, 이는 고로, 한 상품에 대해 얼마나 많은 고객들이 관심이 있느냐가 판매 수에 영향을 준다는 것이다. 이 부분은 온라인 판매에 있어 굉장히 중요한 부분으로 생각한다. 결국, 중간에서 MD가 상품을 선택하여 지원하는 경우가 아니고 그렇다면, 향후 MD의 역할은 현재보다 줄어들게 되며,

이는 기존과 반대인 구매자들이 시장을 이끌게 된다는 것이다.

이와 비슷한 예라고 한다면, '케이뱅크'가 아닌가 싶다. 중간에 지점과 직원을 두지 않고, 인터넷을 통해 고객과 본사의 직접연결 하게 되면 회사를 경영하는데 있어 필요한 비용을 절감 할 수가 있어 절감되는 비용만큼을 고객에게 돌려주는 시스템이라 할 수 있다.

이렇게 된다면 온라인 시장의 MD가 감소하게 되며 중간 수수료 또한 줄어들어 고객들은 좀 더 저렴하게 구매할 수 있고, 판매자 또한 원가 정산을 더 받을 수 있는 시장이 올 수 있다는 이야기다.

이 부분은 지극히 옳은 온라인 시장의 미래 그림이다. 그렇다면, MD 내용을 빼야 할까?

지금은 아직 아니다. 그런 시대가 다가온다면 트렌드를 반영해서

다시 책을 내는 게 맞다.

위 관련 내용을 추가하자면 C사는 그들의 말에 의하면 결국 비용을 판매 하는 것에 치우치지 않고 국내 해외 배송관련(창고) 등에 투자를 하고 있다고 하며 최근 크나큰 수익률의 마이너스는 계획된 내용이라며 미래를 투자한다는 식의 내용이 기사화 됐었다. 사실인지 아닌지는, 시대의 흐름을 보면서 지켜보면 되지 않을까!

3. 온라인 백화점

얼마 전만 해도 소비자들은 백화점 매장에 직접 가서 둘러보고 구매하였으나 이제는 온라인을 통한 구매가 많이 이루어지다 보니 소비자가 원해서라기보다는 트렌드를 따라잡기 위해 백화점도 비즈니스 확장을 했다고 보면 될 것 같다.

인터넷을 통해 쿠폰 및 카드할인 적용 등으로 기존 판매가보다 조금 더 저렴하게 구매할 수 있게 되었다는 것이다.

하지만, 백화점 매장에 있는 모든 상품이 온라인 백화점에 바로바로 업데이트 되지는 않고 있으며, 매장에서 할인하는 상품과 온라인에서의 할인 상품은 많이 다르다.

사업자로 입점이 가능하지만, 간이사업자(연 매출4천만원이하) 는 안 되며, 입점 절차에 시간이 많이 소요되며, 수수료는 소셜커머스 보다 높거나 같은 정도라고 보면 된다.

하지만, 최근 2년 전부터 오픈마켓은 백화점 카테고리를 추가하면서 시장에 약간 변동이 있었다.

아무래도 기존 오픈마켓 고객들은 자신이 즐겨 찾는 오픈마켓 사이트에서 구매하는 것이 쿠폰지원 및 포인트 적립 등과 관련하여 구매하는 것이 낫기 때문에 오픈마켓의 포션을 크게 할 수 있는 도움을 주고 있다.

추가로, 백화점은 오픈마켓에서 상품을 배송할 때, 백화점 봉투도 추가해서 같이 배송하기도 하여, 구매자가 다른 이에게 선물 할 수 있도록 배려한 마케팅도 눈이 띈다.

4. 온라인 홈쇼핑

수수료 및 정산에 있어서는 온라인 백화점과 비슷한 구조며 정해진 시간 물량으로 판매하는 것은 소셜커머스와 비슷하다고 보면 될 것같다. 이것은 TV 홈쇼핑을 통해 판매를 진행하였다가 종료된 상품을 나중에라도 구매하고 싶거나 사용 후기 등을 검색해 보고 싶은 구매자들을 위해 준비한 것이다. TV 홈쇼핑과 동일한 상품이라 해도 판매가가 달라지거나, 구성이나 사은품이 달라질 수 있다. 입점에 있어서 판매 채널 중에 가장 깐깐하여 많은 준비 서류가 필요할 것이다 (최근 몇 년 동안의 규모가 있는 매출을 증명할 수 있는 서류 등).

필자는 한 온라인 홈쇼핑에 상품을 제안하였는데, 담당 카테고리 MD가 보낸 메일에 이렇게 적혀 있었다.

'제가 하자는 대로 진행하시면 됩니다….' 결국, 홈쇼핑는 MD가 왕이다.

5. 쇼핑몰

쇼핑몰을 자체적으로 운영할 수 있는 능력이 된다면 시작해도 좋다. 특히, 수수료는 오직 구매자 결제금액에서 카드 및 무통장 입금 수수료(3~4% 정도)만 지불하면 되기 때문에(정산은 14일이내) 기존 오픈마켓 및 소셜 등에 지급하는 수수료에 비해 훨씬 적으며 수수료에서 이익을 보는 만큼 가격 경쟁력에서 우위를 점한다고 보면 된다.

하지만, 기존 대형 판매채널에서 판매를 하게 되면 노출이 높으며 많은 회원을 확보하고 있기 때문에 자체 쇼핑몰과는 주문 및 매출 면에서 현저하게 높다. 또한 자체 쇼핑몰을 구비하려면 그만큼 많은 상품을 보유하고 있어야 하며 아이템에 따라서는 자주 신상품을 업데이트 또는 주기적 이벤트를 해줘야 방문자로 하여금 지루하지 않게 할 수 있다. 게다가 온라인 검색 광고를 통해 노출의 빈도를 높일 수 있도록 마케팅 비용을 사용해야 하는데 키워드에 따라 비용이 달라지니 광고대행업체와 충분한 상의를 하고 결정할 것!

수수료만 따졌을 때는 쇼핑몰이 좋을 수 있지만 적은 인건비와 안정적인 판매로 시작하려면 노출이 높은 온라인 판매채널을 이용하는 것이 좋으며 각각의 판매채널 내에 어느 정도 단골이 생기면 정해 놓은 샵 이름으로 쇼핑몰을 오픈하여 단골을 유입해도 늦지 않다.

다만, 어설픈 쇼핑몰 관리는 오히려 해가 될 수 있으니 제대로 할 것!

이제 잘나가는 쇼핑몰은 한국에서만의 쇼핑몰이 아니다. 예로, 'XX 난다'의 쇼핑몰의 경우, 백화점에 런칭 하였고 심지어 화장품 브랜드를 런칭하여, 면세점까지 영역을 넓혔다. 특히 화장품의 경

우 해외 친구들에게 인기가 많아 줄서서 구매하거나 이미 품절이 되어 못사는 경우도 생길정도이니 우리만의 브랜드가 아닌 인터네셔널한 브랜드가 되었다.

쇼핑몰에 가보면, 중국어, 영어 등으로 다양한 언어로 웹페이지를 구성하였으며 구매후기의 수를 보면 해외에서도 얼마나 많은 구매자들이 있는지 알수 있다.

그들의 옷에는 직접 제작한 옷도 있고, 동대문에서 구입할 수 있는 타 쇼핑몰에서도 구매할 수 있는 옷들이지만 그들만의 독특한 개성으로 코디한 스타일은 같은 옷이라도 달라 보일 정도의 수준이다.

처음 오픈할 때부터 무언가 다른 쇼핑몰과 다른 느낌이라 5년이상을 지켜보았다.

저자 개인이 생각하는 이 쇼핑몰의 성공은 아주 기본적인 부분을 충실화 했다는 것이다.

무조건 판매하는 것에 급급한 것이 아닌 시간을 가지고 하나하나씩 일구어 가고 있으며 현재도 ING형으로 발전하고 있다.

그들만의 개성을 녹인 옷 코디, 모델선정, 사진 및 동영상 촬영기법 등, 남들이 그저 쉽게 따라 할 수 없는 영역에 발전이다.

특히, 화장품 브랜드의 경우 모델이 직접 사용방법을 동영상으로 알려주고, 추천해 주는 형식이다.

이 부분은 유명한 화장품 브랜드에서도 거의 시도하지 않은 방법이라 메이크업을 시작하거나 관심이 많은 젊은 친구들에게 쉽게 어필 할 수 있었으며 가격도 착하니 성공을 안 할 수 없는 구조라고

생각한다.

이 외에도 중국에서 성공하여 상하이에 가장 비싼 건물에 위치한 여성 옷 쇼핑몰, 한국 화장품 브랜드만 모아놓은 홍콩 사이트, 정기적으로 꽃을 배달해주는 사이트 등, 다른 쇼핑몰과 차별화를 두어 진행한다면(물론 시간소요 필요) 쇼핑몰로써도 충분히 성공할 수 있다는 좋은 위와 같은 사례가 증명해 주고 있다.

수수료만 따졌을때는, 쇼핑몰이 좋을수 있지만, 적은 인건비와 안정적인 판매로 시작하려면, 노출이 높은 온라인 판매채널을 이용하는 것이 좋으며, 각각의 판매채널 내에 어느 정도 단골이 생기면, 정해 놓은 샵이름으로 쇼핑몰을 오픈하여, 단골을 유입해도 늦지 않다.

6. 폐쇄몰 (복지몰)

폐쇄몰은 특정한 소수의 사람들만을 대상으로 판매하는 채널이다. 판매가는 기존보다 저렴한데 이유는 법인 물량 판매 때문이다. 하지만 각 상품군과 판매자의 유통채널에 따라 다르므로 확정짓기는 어렵다.

폐쇄몰에 속하는 많은 종류의 채널이 있지만, 여기서 추천하는 채널은 바로 복지몰이다. 복지몰은 보통 공공기관부터 대기업까지 임직원 전용의 복리후생을 위해 만들어진 채널로, 복지 포인트 및 회사 포인트를 가지고 있는 임직원들이 복지몰을 통하여 구입하게

되며, 판매자는 소속 회사로부터 월단위로 익월 정산을 받게 되는 구조다.

특히 임직원들은 정기적으로 받은 포인트를 제한기간 안에 모두 사용하지 않으면 소멸되는 시스템이기 때문에 전체적인 매출은 거의 정해져 있는 매출이 안정된 쇼핑몰이다.

워낙 큰 업체와의 비즈니스라 정산이 다른 채널에 비해 늦는 편이지만 매출이 큰 편이며 정산에 대해선 확실하며 마진도 괜찮은 것이 장점이다.

보통 복지몰만을 전문적으로 관리하는 업체가 있으니 문의하면 될 것이고, 계약에 따라 다르겠지만, 판매자의 매출에 대해 수수료를 임의로 정해 비즈니스가 이루어지는 경우가 많다.

click
01

탑셀러 첫걸음 내딛기

01 MD와 제발 연락좀 하자

책을 읽기 시작하자마자 좀 쌩뚱? ^^ 바로 이것이 필자의 온라인 판매에 있어 가장 중요한 영업방식입니다. 되든 말든 무조건 부딪혀 보는 거죠. 온라인 시장이 어떻게 돌아가는지 알려면 그들을 찾아가야 좀 더 현실적인 부분을 알 수 있기 때문입니다.

물론 아무런 준비가 안 되어 있는 분이라면 미팅 때 그 바쁜 MD에게 엄청나게 욕을 먹겠지만 그만큼 자신은 앞으로 어떻게 준비해야겠다고 감은 잡을 수 있게 되겠죠. 그렇다고, MD를 만나서 난 문외한이니 많이 좀 도와달라고 하려고 한다면 그것은 절대 금지! 다시 말하지만, MD들은 너무너무 바쁩니다.

MD들은 하루 종일 판매를 많이 해보겠다는 사장님들에게 전화

를 받으며 같은 얘기를 반복해야 하고, 다른 판매 채널에선 어떤 상품이 잘 나가는지, 우리 채널에서 팔고 있는 상품이 다른 채널에선 혹시 나 더 싸게 팔리고 있는 건 아닌지, 이번 주, 이번 달의 행사는 어떤 상품을 할 것이며, 주간, 월간, 연간 매출은 어느 정도 예상하고 있어야 하는지, 특별한 행사를 진행하여 매출을 크게 올릴 수 있는 방안을 고려해야 하며, 큰 행사를 진행하려면, 안정적으로 상품을 한꺼번에 많이 공급할 수 있는 믿을 만한 탑셀러를 선택해야 하는일, 혹시라도 다른 업체보다 더 저렴하게 판매하기 위하여 오히려 행사 판매자에게 역으로 비용을 지원해 주는 일 등……… 특히, 매월 말에는 그달의 광고비가 확정되는 대로 판매자들에게 광고비를 요청해야 하고… 헥헥…….

일이야 안 힘들 일이 없겠지만 MD라는 직업은 슈퍼맨이 되어야 할 것 같기만 해요. 그래서 MD 몇 분에게 직접 물어봤죠.

"MD님, 맨날 야근하시고, 건강도 안 좋아지고… 그런데 일은 괜찮으세요?"

"물론 많이 힘들지만, 가끔 제가 채택(sourcing)한 상품이 판매기록 상위권에 올라갈 때 희열을 느끼거든요. 많은 분들을 만나는 것도 재밌습니다."

아! 그런 부분을 재미있어 하는 사람도 있구나. 만약 위 내용과 당신의 적성이 맞는다고 하면, 판매보다는 MD를 지원해 보는 것도 괜찮을 듯합니다. 물론 MD가 되려면 약간의 권위주의도 있어야 하고 과장도 좀 해야 하며 타고난 언변력도 있어야 한다는 것을 기억

하시고….

예전에는 'MD 아카데미'가 생길정도로 국내에선 MD 붐이 한참이었습니다. 이 부분에 대한 자세한 내용은 따로 다루기로 하고 우선 판매내용에 집중!

책속의 질문

MD를 만나기 전에 준비해야 할 것은 뭘까요? 먼저 한 번 생각해 보시겠습니까? 좀 황당하신가요…?

참고로 필자는 이 일을 하기 전에 강사였습니다. 아이부터 성인까지 영어수업을 했는데, 책도 필자 스타일의 강의처럼 쓰고 싶었습니다. 무조건 강사가 알고 있는 모든 지식을 전달해 줘야 하느냐, 아니면 강사의 지식을 모두 주지 않더라도 학생들과 공유하면서 수업을 하느냐, 선생님으로서 많은 고민이 되고 스타일도 다 다르겠지만, 저는 무조건 후자에 속합니다.

이 책도 계속 여러분과 함께 생각하면서 글을 쓸 것이니 혹시라도, '아니야…, 난 별로 생각하고 싶지 않고 많은 정보만 얻고 싶어.'라고 생각하시는 분이 있다면, 생각 하지 말고 그냥 읽으시면 됩니다.^^ 왜냐하면, 제 책의 목적은 제 경험들을 같이 공유하며 같이 웃고 즐기며, 당신의 인생 사업에 도움이 되고 싶기 때문입니다.

자, 다시 생각해보셨나요?

그럼 제 생각과 비슷한지 비교해 보시기 바랍니다. 우선 내가 판

매할 아이템과 같거나 비슷한 카테고리를 검색하고 정상가, 판매가, 옵션가 및 배송비의 유료, 무료 여부까지 확인을 합니다. 내가 가지고 있는 아이템이 현재 오픈마켓에서 판매하는 경쟁자들과 비교했을 때 과연 가격이든 상품이든 경쟁력이 있는지요!

좀 더 준비를 철저히 하고 싶다면, 현재 그 카테고리의 탑셀러(Top seller)에게 찾아가는 거죠.

상품 상세페이지에 보시면 주소가 나와 있습니다. 물론 사업자 주소가 아주 가끔 집으로 되어 있거나 다른 위치로 되어 있기도 하나, 혹시라도 그렇다고 해서 저를 미워하지 말아주세요. 살다보면 이런 일도 있고 저런 일도 있고 겪으면 경험이 되는 거고…, 안 그런가요?

저도 그런 경험이 있으니 이렇게 당신에게 이렇게 들려줄 수 있고 책까지 출간할 수 있는 것 아니겠습니까?^^ 저 역시 나이를 먹으니 말도 많아지네요. 이해해 주시길…

직접 찾아가셔서 설마"저도 이 사업 좀 해보려고 하는데요." 이러시는 건 아니겠죠? 상품은 어떻게 진열, 보관하고 있는지, 직원 수는 몇 명인지……. 직원들은 무엇을 하고 있는지, 회사 규모는 어떤지 등과 그 외 기타사항을 살펴보시고 당신의 미래를 설계하세요.

귀찮으시다구요?

글쎄요…. 운이 좋아서 대충대충 했는데 잘될 수도 있지만 특히 온라인을 통해 판매하려면 유행(trend)감각을 가지고 항상 찾아보며

공부해야 합니다.

부지런하지 않는다면 온라인 판매는 접으시는 것이 나을 수 있습니다. 그냥 집 앞에 옷가게나 하나 차려서 임대비를 내시는 게 나을 수 있습니다.

온라인 구매자들은 어쩌면 판매자보다 더 빠를 수 있습니다. 같은 상품 최저가를 찾을 수 있으며, 행사기간을 기다렸다가 싸게 구매하는 등의 능력자들이 많기 때문입니다. 능력구매자를 이기기 위해선 판매자의 노력이 당연히 필요합니다.

한 가지 예를 들어볼까요. 내가 어떤 한 가지 상품을 가지고 있는데 여러 채널을 통틀어 나만 독점적으로 판매하고 있다고 합시다 (독점판매…, 온라인에선 정말 대단한 행운입니다). 여기에서 천원에 팔고 저기에서 천 원에 팔다가 한 온라인 쇼핑 채널과 행사를 진행하게 되어 800원에 판매를 하기로 했다면 과연 모든 구매자들이 그 채널에서만 구매하겠냐는 거지요.

구매자들은 당신의 행사상품을 보고 '와~ 싸다.'하고 바로 사기 전에 여기저기 채널검색을 하며 정말 최저가인지 확인하게 되죠. 만약 다른 데보다 많이 싸다 싶으면 충동구매가 이루어질 수도 있겠죠. 하지만 다른 채널에는 비록 천 원에 팔지만, 쿠폰이나 카드할인이 있다면 비슷한 가격(800원)에 살 수 있게 되는 것입니다.

그럼 우리 판매자는 어떻게 더 발 빠르게 움직여야 할까요? 현재 판매하고 있는 다른 쇼핑채널의 판매가를 2천 원으로 수정해놓는 겁니다. 그럼 기존 소셜처럼 50%이상 할인율이 나오는 대박상품이

될 수도 있다는 거죠. 물론 이런 방법도 능력구매자들이라면 이미 눈치 챘을지도 모릅니다. 하지만, 안 하고 가만히 있는 것보다는 낫겠죠. ^^

다시 MD 얘기로 돌아옵시다.
우선 MD 스타일에는…
착한 MD,
성격 더러운 MD,
외모 믿고 일하는 MD,
왕자 같은 MD 등

각각의 개성이 뛰어납니다. 개성은 MD의 생명이죠. 저도 MD들에게 개성은 자신이 담당하고 있는 카테고리의 매출에 큰 영향을 줄 수 있다는 생각이 듭니다. 그리고 어떤 MD라도 결국 본인의 중심이 확고한 공통점을 가지고 있습니다. 카테고리에 따라 매일같이 빡세게 국내 온라인 최저가로 행사를 잡으려면 웬만한 능력 가지고는 벅찰 수 있으며, 그 행사를 잡는 것도 모두 나름 온라인 판매 사장님들과 기 싸움을 해야 하기 때문에 자신이 강하지 않으면 오히려 판매자를 따라다닐 수 있기 때문입니다. MD들은 언제나 철저하며 절대 손해 보는 장사는 안 하도록 준비되어 있다고 생각하면 됩니다.

가끔은 판매자가 자금과 상품, 경쟁력이 있어 오히려 MD들이 그

판매자의 상품 받기를 기다리는 경우도 있습니다. 실제로 능력 판매자들은 행사를 잡을 때 행사가 겹치지 않도록 하기 위하여 각 채널의 MD들에게 행사기간을 정해주기도 합니다. 만약 행사가 겹치면 어떻게 될까요? 각각의 판매 채널들은 큰 행사가 잡히면 메일링부터 핸드폰 문자광고, 포스터 제작, 인터넷 광고 등 실로 엄청난 마케팅 비용을 사용합니다. 하지만 그렇게 투자를 한다 해도 두 곳에서 같은 상품 같은 행사를 한다고 하면 구매율이 반으로 나눠지기 때문에 판매채널에선 절대 좋아하지 않으며 판매자 입장에선 MD들에게 신뢰를 잃게 되는 상황이 오게 됩니다.때문에 행사는 겹치지 않도록 신경을 많이 써서 준비해야 합니다.

또한 어떤 판매 채널은 자기 채널에서만 판매하길 원하는 곳도 있고 아니면 같은 행사라도 자기 채널에서는 좀 더 싸게 판매하길 원하는 곳도 있습니다. 이런 부분은 판매자 입장에서 각 채널의 MD들의 성향을 잘 파악하여 영업을 잘 해야 합니다. 괜히 찍혔다간, 서로의 신뢰도가 떨어져 다 된 일도 망쳐버릴 수가 있기 때문이죠.

MD를 만날 때에는 앞서 말씀드린 것처럼 준비를 많이 해야 합니다. 현재 MD의 판매채널 경쟁사뿐만 아니라, 다른 판매채널의 동향까지 파악하고 미팅을 한다면, MD의 기에 눌리지 않을 수 있고 특히 다른 판매채널의 정보를 알고 있다면 한두 개씩 귀띔해 주는 것도 큰 친밀도를 유지할 수 있는 방법입니다.

다른 판매채널의 정보를 어떻게 알 수 있냐구요? 답은 쉽죠. 다른 판매채널 MD들을 만나면 됩니다. 아주 큰 정보는 서로의 신뢰를

위해서 발설하면 안 되지만 소소한 것들은 괜찮습니다. 하지만 MD 들은 어차피 온라인 채널 영역에서 움직이기 때문에 경쟁사의 MD 끼리 친할 수도 있습니다. 그렇기 때문에 수위조절을 잘 하셔야 합니다. 잘못하면 판매자가 오히려 사기꾼이 될 수도 있죠 ㅋㅋ

반면 역으로 판매자가 MD들에게 비밀로 해야 하는 경우도 가끔 생깁니다(모르죠. MD도 알면서 모르는 척 하는 건지⋯). 그게 무엇이냐 하면 한 마디로 탑셀러 판매자들끼리의 비밀입니다. 탑셀러 판매자들끼리는 서로 알지도 못하고 본 적도 없지만(판매자가 한사람이 여러 사업자를 가질 수도 있겠지만) 온라인에서는 서로 경쟁이기 때문에, 하루 하루 서로의 움직임을 느낄 수 있습니다.

하루 이틀 서로를 주시하다보면, 광고비를 많이 쓰는 판매자, 가격을 계속 내려 동종업계 판매자들을 힘들게 하는 판매자, 광고를 한 번도 안 하면서 꾸준히 판매하는 판매자, 배송도 느리고 고객센터도 불친절하지만, 이상하게 잘 파는 판매자(이 경우는 아마도 해당 채널에 광고비를 많이 지불할 겁니다.), 잘나가든 말든 신경안 쓰는 판매자, 상품등록은 엄청 많이 해서 검색만 하면 그 판매자 상품들로 깔려 있지만 판매로는 잘 연결이 안 되는 판매자 등 많은 부류의 판매자가 있습니다. 지금도 저 혼자 생각하면 재미있고 누구에게도 말할 수 없지만 서로 알지 못하는 탑셀러끼리는 비밀을 가지고 있습니다. 그 판매자들도 알고 있지만 말 못하는 것이고, 같이 한 번 모여서 서로 알고 있는 비밀을 얘기하며 즐거운 시간을 보내고 싶지만, 온라인 판매는 오프라인보다 더 무섭고 피 흘리는 경쟁으로 '보이지 않

는 전쟁'이라고 할 정도로 빡세고 험난한 길이기 때문에 말할 수 없는 것입니다. 하지만 걱정 마세요. 제가 있으니까요. ^^

아! 비밀 하나 말하려다가 다른 얘기를 많이 했네요.

그 비밀은… 바로 '정산가'입니다.

판매가와 정산가는 다릅니다. 판매가는 구매자가 사는 금액이고 정산가는 판매자가 온라인 판매채널을 통해서 정산을 받는 금액입니다. 보통 온라인 판매채널에선 채널에 따라 카테고리에 따라 수수료는 4~20%까지 있습니다(행사제외).

판매가에서 수수료를 뺀 금액이 정산가라고 생각하면 됩니다. 하지만, 행사는 제외입니다. 독자 여러분도 인터넷 쇼핑을 하다보면 정말 말도 안 되게 싼 상품을 행사하는 것을 보면서 '어떻게 저렇게 싸지?'라고 생각할 때가 있으시죠?

이런 경우가 가능한 이유는 판매채널 입장에서 다른 채널과 경쟁을 하기 위해 기존에 정해놓은 수수료보다 훨씬 낮은 수수료를 적용해서 더 싸게 많이 판매할 수 있게 정산가를 조금 더 높게 측정해주기 때문입니다.

위와 같은 행사를 하거나 꼭 행사가 아니더라도 정산가를 좀 더 잘 받으려면 상품이 경쟁력 있고 구매가 많이 이루어지는 상품이어야 합니다. 그 조건만 갖췄다면 MD에게 제안을 하여 쿠폰으로 수수료를 더 낮출 수 있습니다.

예를 들어볼게요.

온라인 판매채널 3곳에 같은 상품으로 같은 정산가 제안을 했다

고 합시다. 모두 같은 가격으로 정산해 줄까요? 그것 또한 각 채널마다 MD가 정해 주는데요. 같을 수도 있지만 각각 다른 경우도 있습니다. 결국 같은 상품을 온라인 3사에 판매하면서 정산금액이 모두 다를 수 있다는 것이지요. 정산을 조금 더 잘해주는지 못해주는지 여부는 판매자만 알 수 있는 것이지요. 그래서 탑셀러라면 이런 경험을 가끔 하지만, 아무에게도 말하지 못하는 비밀이 되어버리는 것입니다.

결국 임금님 귀는 당나귀귀가 된다는 거죠. ^^;

MD는 그만큼 판매자에게 아주 중요한 존재입니다. 물론 어떤 판매자는 탑셀러임에도 불구하고 절대 MD와 접촉을 안 하는 사람도 있습니다. 굉장히 특이한 경우지만요. 이유는 제조사가 온라인에서 판매하는 가격을 세팅하여 더 싸게는 판매하지 못하도록 제재를 하고 있기 때문입니다. 또한 MD들에게 휘둘려 온라인 시장가를 흐리게 하는 것을 방지하기 위해서죠.

하지만 여러분이 해당이 되지는 않을 거예요. 이 정도 하려면 행사를 하지 않아도 판매가 잘 되는 상품을 독점하고 있어야 하는 큰 기업이어야 하거든요.

자, 지금까지 MD에 대해 설명했는데요. 요약하자면 온라인 판매에 의존하는 시간에 MD에게 의존을 하게 된다면 판매량이 눈에 띄게 변할 수 있다는 것입니다. 대신 무조건 판매량만 늘리는 것에 급급하여 MD와의 협의가 수익에 도움이 되지 않는 경우가 발생할 것 같다면 절대 진행하지 말기 바랍니다. 다만, 이런 경우는 있습니

다. MD와의 협의 하에 이번 행사는 마이너스 수익정산 다음 행사는 플러스 정산으로 합의하여 서로의 신뢰로 진행을 하기로 한다면 해도 무방하겠습니다.

결론은 MD와 친해지시기 바랍니다.

사실. MD와의 관계에 대한 이야기는 제 스토리의 핵심입니다. 이 부분을 책의 제일 마지막 부분에 넣을까 했지만, 중요한 부분으로 시작하여 중간중간 중요한 부분을 다시 짚어드리고 싶다는 마음에서 시작한 이야기이니 처음 부분에 MD 이야기를 했다고해서 간과하시면 절대 아니 되옵니다. ^^

지금부터는 조금은 딱딱할 수 있는 평서문으로 글을 써 나갈까 합니다.
존댓말로 조근조근 말씀드리고 싶지만,
이왕이면 임팩트 있게 내용을 전달하는 게 나을 것 같아서요. ^^

02 탑셀러들의 판매량

소셜이야 각 상품마다 판매량이 오픈되어 있는 것이 대부분이라 딜(거래 혹은 판매) 기간의 시간과 판매량을 분석하면 대충 판매량을 짐작할 수 있다. 게다가 소셜에서 딜을 하고 나면 관리자페이지에서 프로그램으로 분석한 데이터를 볼 수도 있다.

하지만, 오픈마켓은?

판매량이 적혀 있는 곳도 있다. 하지만 100% 믿을 수 없다. 몇년에 걸쳐 판매한 것일 수도 있고 같은 페이지에서 다른 상품을 팔기도 하기 때문이다. 이 부분은 모든 온라인 판매 채널의 MD들도 궁금해 하는 부분이다. 왜냐하면, 아무리 깐깐하고 똑똑한 MD라도 수많은 판매자들이 매일같이 어떻게 움직이는지 체크하기는 힘들

기 때문이다.

만약 내 상품이 한 곳에서 많이 판매가 되어 그 카테고리 안에서 3등을 하고 있다면 대략 앞의 1등과 2등, 뒤의 4, 5등까지 판매량을 짐작할 수 있다. 그래서 가끔은 타사의 MD들이 그 채널의 판매량이 궁금해서 순위가 높은 판매자에게 하루 판매량을 물어보기도 한다. 물론 서로 100% 믿지는 않는다.

이 믿지 않는 것에 대한 필자가 경험한 좋은 예가 있다. 상품 하나를 한 채널의 MD에게 제안을 한 적이 있었다. 판매가 아주 잘될 그런 아이템은 아니었지만 의외로 상품이 판매가 잘 되어 순위가 5~7위를 오르락내리락했다. 그래서 같은 상품을 타사(他社) MD에게 제안을 넣었다. 그랬더니 하루 평균 판매량이 얼마나 되느냐고 물었고 필자는 허풍을 좀 보태서 1,000개라고 했는데 절대 믿지 않는 것이었다. 그 MD는 관리자 페이지 들어가서 1,000개가 팔린 데이터를 복사해서 보여달라고 했다.

판매자들의 허풍이 하도 심하다 보니 MD 입장에선 그럴 만도 하겠다는 생각이 들었다.

어쨌든 필자는 MD에게 딱 걸린 것이다. 사실은 700개였는데…. 결국 행사 잡는 것을 실패했다. 원숭이도 나무에서 떨어질 날이 있구나. ㅜㅜ

그럼 탑셀러들의 하루 평균 판매량은 어떻게 짐작할 수 있을까!

어쩌면 이 답은 그 상품을 판매하는 탑셀러와 필자만이 알 수 있는 데이터가 아닐까 하는 생각이 든다.

상품 상세페이지 아래로 내려가면, 구매자 상품평이 있다. 포토 상품평, SNS 상품평, 한줄 상품평 등.

여기서 한줄 상품평의 날짜를 기준으로 개수를 세어보면 된다. 주의할 점은 바로 전날까지의 상품평을 계산해야 한다는 것이다.

당일을 기준으로 하면 아직 상품평을 안 올린 구매자도 있어서 부정확한 데이터가 나오게 된다. 그래서 바로 전날 날짜로 상품평이 올라가 있는 개수를 세어 보는 것이 정확한 것이다. 만약 그것이 30개가 달렸다면 그 상품은 대략 300개가 판매되었다고 생각하면 된다. 좀 더 자세하게 평균치를 계산하고 싶다면 행사가 언제부터 였는지 확인을 하고, 하루전 3일전 7일전까지의 상품평을 세어보면 된다.

물론, 이건 100% 맞는 데이터라고 할 수는 없지만, 필자가 지금까지 행사를 하면서 따져본 결과, 구매한 고객이 상품을 수령한 다음 바로 당일 상품평을 올리는 구매자는 10명 중 한 명꼴이라는 나름대로의 분석에 의해 나온 것이다.

아~ 이 정도면 온라인 판매 박사학위 논문을 제출해도 되지 않을까.^^

추가로 최근 동향의 탑셀러는, 결국 많은 물량과 낮은 단가를 가진자다. 어떤 MD도 물량이 넉넉하지 않은 판매자에겐 어차피 매출

에 도움이 안 되기 때문에 관심이 없을 것이다. 기본적으로 많은 물량을 가지고 있으면 MD가 마음만 먹는다면 역으로 정산가를 지원해 주면서까지(판매가보다 정산가가 높게) 행사를 진행 할 수 있기 때문이다.

소소셀러[2]에서 탑셀러가 되는 길은 물량과 단가만이 될 수 있는 영역이며 이 부분을 간과한다면 온라인에서는 소소셀러로 평생을 살아야 하는 것을 잊지 않았으면 한다.

물론 소소셀러가 나쁘다는건 아니다. 모든지 자기만족에 기준이니 소소든 탑셀러든, 자신이 생각하는 기준의 이익이 발생한다면, 그로 족하다.

---

1) 소소셀러 : 군소셀러 소소하게 판매하는셀러

03 탑셀러들의 공통점[3]

필자가 판매하고 있는 카테고리의 탑셀러이자 경쟁자는 10군데 정도 된다(개인도 있고 회사도 있으므로 '명'이라고 하지 않고 '군데'라고 표현했다.). 그 셀러들의 온라인 판매량은 같은 카테고리에서 70% 이상을 차지하고 있다. 나머지 30%를 판매하는 셀러는 100군데 정도 되는데 이들은 소소하게 판매하고 있다는 얘기다. 상품의 이름을 여러 판매채널에 검색을 해보더라도 순위만 약간 다를 뿐 탑셀러들이 윗부분, 즉 노출이 많이 되는 곳에 위치해 있는 것을 발견하게 된다.

가끔은 한 탑셀러가 두세 개 이상의 사업자로 판매자 이름을 바꿔서 상위권을 다 차지하는 경우도 있다. 이런 경우를 알아차리기 위해서는 사업자의 위치나 택배회사, 상품 포장 등을 살펴보면 된

2) 탑셀러들의 공통점 1
　목록이미지에 상품평을 적는 부분에 키워드를 최대한 많이 적어 놓아야 한다

다. 대부분 동일한 주소지에서 같은 택배회사를 사용하며 상품 포장 방식이나 박스의 디자인이 일치한다.

그건 그렇고 어차피 소비자들에게 매장을 직접 보여주는 것이 아닌 온라인에서 탑셀러와 소소셀러로 나뉘는 이유는 무엇일까?

그것은 탑셀러와 소소셀러의 차이점을 연구해 보면 금방 알 수 있다. 가장 확연하게 차이가 나는 부분은 '이미지'이다.

이미지에는 크게 목록이미지, 상세이미지로 분류할 수 있다.

목록이미지는 한 특정상품을 검색했을 때 왼쪽에 작게 정사각형 모양으로 보이는 이미지이며, 옆에 상품의 설명 및 가격, 할인율 등이 적혀 있다.

상세이미지는 그 목록이미지의 상품을 클릭하면 상품의 자세한 내용을 이미지로 예쁘게 만들어 고객센터 안내까지의 내용이 모두 들어가 있는 페이지이다.

구매자들에게 제일 먼저 보이는 이미지는 바로 목록이미지이다. 만약, 상품이 가공식품으로 상품과 가격이 모두 같다면, 목록이미지로 판매가 좌우될 수 있다. 그래서 목록이미지는 깔끔하고 단순해야 하며, 구매자들이 클릭하고 싶은 마음이 들도록 만들어야 한다. 목록이미지와 판매상품이 전혀 다르다면 구매자들은 실망하게될 것이다.

가끔 MD들에게 이미지를 수정해 달라는 요청을 듣는 경우가 있다. 이건 기분 나쁜 게 아니다. MD에게 이미지에 대해 지적을 받는다는 건 그 상품이 MD가 판매촉진을 위해서 생각해볼 만한 상품이

라는 뜻이며 또한 그 판매자에게 애정이나 관심이 있다는 표현이기 때문이다. 소소셀러들에겐 좀처럼 일어날 수 없는 일인 것이다. 때문에 '이미지를 수정해 주세요!'라는 요청이 있으면 두말하지 말고 시키는 대로 해주기 바란다.

만약 행사를 한다고 가정하면, 그 판매채널도 행사하는 상품을 많이 팔아야 하기 때문에 이미지를 잘 팔릴 만하게 만들어 구매자에게 보이고 싶어 하는 것이 MD들의 마음 아니겠는가. 그래서 구체적으로 어떻게 어떻게 수정해 달라고 요청하게 되는 것이다.

기분 좋은 일이다.

너무 과하게 수정을 요청하는 경우도 물론 없지는 않다. 필자는 실제로 한 행사에서 MD에게 목록이미지 관련하여 지적을 너무 많이 받아 스트레스를 받은 적이 있다. 상품은 1.5리터짜리로 페트병에 담긴 대용량 커피였는데, 나름 예쁘게 공들여서 만들었지만, 결국은… 필자가 어떤 과정을 거쳐 만들었든 상관없이 MD는 간장통으로만 보인다고 하여 5번 이상 수정한 기억이 있다. MD의 요구는 모니터에 보이는 것이 간장통 처럼 보이니까 좀 바꿔보라는 것이었는데 사실 직접 봐도 간장통처럼 생긴 걸 어떻게 하라구… .^^ ;

이미지에 대한 수정요청은

1. 전체 이미지 사이즈 비율에 맞춰 상품이미지를 줄여라.
2. 유통기한을 위쪽에 노출해라.
3. 메인상품 배열을 다르게 바꿔라 등의 내용이다.

요점은 계속되는 정정요청에 짜증난다고 절대 MD한테 화를 내선 안 된다는 것.^^

결국 탑셀러의 공통점[4]은 이미지라는 것이다. 구매자들은 온라인을 통하기 때문에 만져볼 수도(재질), 냄새를 맡아 볼 수도(혹시 오래된 상품은 아닐까), 진짜 색감(각각의 모니터의 특성상)을 볼 수도 없다. 이미지로 구매를 결정할 수밖에 없는 것이다.

그렇기 때문에 이미지만 보여주고도 사고 싶은 마음이 들게 해야만 한다.

그럼 이미지는 어떻게 작업할까.

포토샵이라는 프로그램으로 이미지를 만들어 JPG 파일로 저장하여 오픈마켓의 관리자 프로그램에서 올리면 된다.

포토샵… 혹시 당신이 온라인 판매를 준비하고 있거나, 자금이 많지 않아 절약하며 판매를 해보려고 한다면, 포토샵을 꼭 배우길 권한다. 만약, 판매채널을 통해 행사를 하게 된다면, 소셜이 아닌 이상 판매자가 직접 이미지를 만들고 등록해야 하며, 대행업체의 이미지 작업 비용은 보통 3 만원 이상이며, 원하는 퀄리티에 따라 몇 십 만원이 될 수도 있다. 그것도 JPG 파일로 받을 때 얘기고

---

4) 탑셀러들의 공통점 2
  탑셀러의 공통점은 이미지다.이미지로 구매를 결정할 수밖에 없는 것이다. 그렇기 때문에 이미지만 보여주고도 사고 싶은 마음이 들게 해야만 한다.

직접 작업한 PSD 원본 파일을 받으려면 JPG가격의 2~3배 이상을 지불해야 한다.

앞으로 수정할 사항이 없다면 JPG파일도 괜찮겠지만 만약 MD가 전화해서 이미지 수정을 요구하면 또 다시 이미지 작업을 의뢰해야 한다. 그것도 밤늦게 전화해서 내일부터 행사니 지금 당장 이미지를 바꿔달라고 하면 사실 내 직원이라도 요청하기 껄끄러운데 그 늦은 시간에 누가 수정하랴!

당신이 만약 실업자든, 고용직이든 잘 검색하면 나라에서 지원해주는 학원에서 수업을 들을 수 있으니 인터넷으로 검색해 보길권한다.

지금까지는 목록이미지에 대해 설명을 드렸는데, 탑셀러가 되기 위해 한 가지 더 중요한 부분이 있다.

그것은 바로… 목록이미지 옆에 상품내용을 적는 부분이다. 글자수는 판매채널에 따라 50~100자까지 적을 수 있다. 특히 목록이미지 바로 옆에 있어서 구매자들의 눈에 금방 띄는 곳이므로 아주 중요하다.

내 상품을 글로 직접 표현할 수 있는 이 곳. 그럼 여기에는 어떻게 적어야 할까.

필자가 현재 여자 면바지를 팔고 있다고 치고 이렇게 적는다면 어떨까.

[여성면바지] '검정, 베이지 55~66사이즈'

오~ 노노! 우리는 지금 전쟁터에 나와 있다. 이 전쟁터에서 이기려면 총도 필요하고 대포도 필요하고 각종 무기가 필요하다. 되도록 많은 장비를 가지고 있어야 이길 수 있다는 말이다. 특히, 주어진 조건을 제대로 활용하면서 내용에 강점을 갖게 하려면 더더욱 다양한 무기가 필요하다.

지금부터 상품내용을 적는 팁을 주겠다. 우선 각 상품을 등록하는 채널에 상품내용의 최대 글 수가 몇 자까지인지 확인한 후 만약 100자라면 99~100자 모두 적어라! 이유는 고객들이 사고 싶은 상품의 키워드는 다양하기 때문이다. 어떤 키워드를 사용해서 검색을 할지 아무도 모른다. 그 많은 것 중에 하나 걸리려면 최대한 많은 키워드를 적어놓아야 한다. 또 현재 내 상품이 판매가 높다면 상단에 노출될 가능성도 있는데 그것은 꼭 그 카테고리가 아닌 경우도 굉장히 많다. 그렇기 때문에 다양한 키워드를 적어서 다른 상품을 사려고 들어왔던 구매자일지라도 나의 키워드를 보고 구매욕구를 가질 수 있다면 얼마나 좋은 일이겠는가.

아래처럼, 여성바지를 판매할 경우라면 '여성바지, 면바지, 청바지, 레깅스, 스키니진'등을 넣을 수 있을 것이다.

[여성바지, 면바지, 청바지, 레깅스, 스키니진]
'검정, 베이지 55~66사이즈

그 외에, 현재 탑셀러로 활동하고 있는 상품의 내용을 보고 비슷

하게 사용한다면, 그것도 하나의 팁이자 도움이 될 수 있다.

그리고 각 판매채널의 판매자 광고센터에 들어가, 어떤 단어들이 현재 인기가 많은지, 하루에 얼마나 검색이 되는지를 살펴보는 것이 큰 도움이 된다는 것을 알려주고 싶다. 특히 인기 있는 키워드는 광고비도 비싸기 때문에, 광고비가 비싼 키워드를 찾아 그 단어들을 상품내용에 넣는 것도 추천하고 싶다.

04 광고

광고…,[5]

어떻게 보면 돈 아깝고…, 시간 아깝고…. (매일같이 같은 시간에 맞춰서 광고를 입찰해야 하기 때문에) 그렇다고 안 할 수가 없다. 왜냐하면, 우린 우리의 상품이 판매가 되려면, 노출이 가장 중요하기 때문이다.

지인 중에 지난 5년 동안 오픈마켓에서 여성 옷으로 하루 매출 천만 원 정도 하는 탑셀러가 한 명 있는데 항상 오후5시만 되면 자기가 어디에 있든 가까운 PC방에 가서 광고를 잡는다. 그런 시간에 광고를 잡는다는 것이 그리 쉬운 일이 아닌 것 같았다. 물론 광고는

---

5) 온라인 광고 비법
　① 비싸지 않는 입찰가이면서도 효과가 높은 키워드를 찾아라.
　② 경쟁입찰 광고일 경우 막판 5초 전에 입찰에 참여하라.

비싼 금액으로 미리 입찰해 놓으면 그리 신경 쓰지 않아도 되지만 특히 경쟁이 심한 의류는 경쟁입찰 비용이 원래 비싸기도 하며, 정말 순간이라고 할 수 있는 1~2초 차이로 입찰에서 떨어지기도 하는 숨 막히는 전쟁이다.

보통사람들 눈에는 보이지 않는 온라인상의 경쟁 입찰을 직접 해보니 은근히 스트레스였던 것 같다.

막판 1분 전에는 천 원, 만 원 단위로 입찰단가가 초단위로 올라가며 세계표준시각을 맞춰놓고 막판 5초 전에 입찰에 참여한다. 그 전에 미리 참여를 하지 않는 이유는 괜히 참여해봤자 경쟁입찰가만 높아지기 때문이다.

순발력 있고 끊임없이 노력한다면 오픈마켓의 광고는 매력적이다. 무턱대고 여기저기 비싼 광고 입찰을 굳이 안 해도 되는 곳이 오픈마켓이기 때문이다. 광고 또한 독자 여러분이 살림만 잘하면 아껴서 적은 비용으로 큰 효과를 볼 수 있다.

대신 키워드를 이것저것 검색을 많이 해봐야 하며 비싸지 않는 입찰가이면서도 효과가 높은 키워드는 무엇인지 공부를 많이 해야 한다. 하지만, 내가 선택한 키워드에 아무도 입찰이 없다면 물론 싼 입찰가로 광고가 가능하겠지만 그만큼 검색이 적다는 뜻으로 입찰 수가 너무 없는 것도 금물이다.

위의 예시는 각 판매 사이트에 들어가 광고비용을 지출하는 경우이고 그 외에 MD와 직접 진행하여 광고비용을 MD 회사쪽으로 지출하는 경우도 있다. 이럴 경우, 오픈마켓에서는 보통 50~100만

원 이라고 알고 있는데 이 부분은 MD가 각 판매자들에게 요청하는 기준이 다를 것으로 보인다.

05 수수료 및 정산

아! 이런 것까지 얘기해줘도 되나….

어쩜 날 나는 바로 칩거생활을 해야 할지도 모르겠다.^^

위에서 말한 같은 상품, 같은 가격이라면, 이미지 이외에 구매자를 끌 수 있는 방법은 무엇일까?(생각하는 시간을 드리겠습니다)

바로 판매가 책정이다. 같은 상품인데 어떻게 판매가가 다를까….

우선 조건은 비슷한 군의 상품이 두 개 이상 있어야 한다. 그럼 판매가의 가격을 좀 더 싼 상품으로 책정을 하고 구매자가 결제할 때 옵션가[6]로 추가하면 되기 때문이다.

가끔 소소셀러들의 상품을 보다보면, 두 개의 상품 중 비싼 상품

---

6) 어떤 상품의 정가 외에 그 상품에 여러 가지 선택사항을 옵션으로 결합시켰을 때의 가격

을 대표로 하고 싼 상품을 옵션에서 마이너스로 적용하기도 하는데 이것은 판매에 도움이 되지 않는다. 큰 행사나 다른 특정한 이유가 없는 이상, 굳이 비싼 판매금액으로 노출을 할 필요는 없다.

한 가지 판매자들이 주의할 것은 정확한 옵션가와 정산금액의 계산이다.

예를 들어

옵션가와 정산금액의 계산 1

판매가 : 1,000원

수수료 : 10%

정산금액 : 900원

이럴 경우 정산금액은 900원이 맞다.

그러나 다음의 경우에는 다르다.

옵션가와 정산금액의 계산 2

판매가 : 1,000원

수수료 : 10%

옵션가 : 100원

이럴 경우의 정산금액은 얼마가 될까? 판매가 1,000원에서 수수료를 10% 뺀 금액 900원에 옵션가가 100원 붙었으므로 정산금액은 1,000원이 되는가?

아니다. 990원이 된다. 왜냐하면 옵션가에서도 동일한 비율의 수수료를 계산하기 때문이다. 그래서 판매가 1,000원에 옵션가 100원을 합한 금액 1,100원에서 수수료 10%를 제하고 남는 금액 990원이 정산금액이 된다.

필자는 처음에 당연히 옵션가에서는 수수료가 계산되지 않는 것으로 알고 있었으나 통장으로 입금된 금액이 그렇지 않다는 것을 발견했다. 옵션가에서도 수수료는 적용된다.

물론 판매가 천 원에서 수수료를 빼고 옵션가에서 수수료를 빼도 크게 신경쓰일 일은 아닐 수 있지만, 만약 판매가가 높은 상품이라면 옵션가를 측정할 때도 수수료를 반영해서 올리는 것을 잊어서는 안 된다.

옵션에서도
수수료를 정산한다.

여기서 더 중요한 사실을 밝힌다면…

판매채널에서는 위와 같은 옵션가의 수수료를 정확하게 판매자들에게 알려 주지 않는다는 사실이다. 탑셀러들도 정확하게 통장을 살펴보지 않으면 알 수 없는 부분임을 명심해야 한다.

또 하나의 기가 차고 놀라운 사실이 있다.

만약 독자 여러분이 판매자일 경우 상품을 등록할 때 정상가(시중에서 판매하고 있는 가격)를 2,000원으로 설정하고 온라인에서 실제 판

매하고 있는 금액은 50% 할인된 1,000원이라고 했을 때, 판매자가 정산 받는 금액은 얼마일까? 당연히 판매한 금액이 1,000원이니, 수수료 10%를 제하고 900원이라고 생각하시면 큰 실수를 저지르고 있는 것이다.

특정 판매채널에서는 수수료를 정상가 즉, 2,000원으로 보는 곳이 있다. 그렇기 때문에 1,000원에 팔았더라도 정산할 때는 정상가로 계산을 한다. 그럴 경우 2,000원에 대한 10%인 200원이 수수료로 나가고 남은 800원만 판매자의 통장으로 정산되어 입금된다.

이 사실을 모르는 셀러들은 고객들에게 할인율을 높게 보이기 하기 위해 일부러 정상가를(정산가 아닙니다.) 높이 측정하고 실제판매가를 낮춰서 판매하기도 한다. 결국 수수료만 더 내는 결과를 초래하고 만다.

물론 수수료를 조금 더 내고 고객들의 눈길을 끌기 위하여 도움이 된다고 하면 다행이지만, 요즘 능력구매자들은 할인율에 이미 질린 상태이며, 실제 결제금액을 보기 때문에 할인율이 크게 작용하지 않는다.

소셜도 마찬가지다. 부풀려져 있는 판매가의 상품이 많다보니 능력구매자들은 할인율을 무시하기도 한다. 이처럼, 제가 미리 아픈 경험을 했으니, 여러분은 이런 경험을 안 했으면 좋겠다.

수수료도 이익의 일부분이니까.^^

click
02

온라인 판매
돌아가는 이야기

06 MD에게 내 상품 제안하는 방법

　뭐든지 한 번에 좋은 걸 다 오픈하면, 오히려 독이 될 수 있다. 예를 들어, 비싼 명품 가방들을 나열하고, 하나 고르라고 하는 것과 저렴한 가방들 사이에 비싼 명품 가방을 한 개만 놓고, 고르라고 선택권을 주게 되면, 고객들은 후자의 경우에 전자보다는 짧은 시간에 선택을 할 것이다. 그리고 그들이 선택한 상품에 대해서 전자보다는 만족도가 더 클 것이란 말이다.

　인생이나 비즈니스나 모두 마찬가지인 것 같다. 내가 고객 입장이 되어, 상품 판매 전략을 생각한다면, 다른 판매자들보다는 좀 더 판매력이 높아질 것이다.

상품을 MD에게 제안하는 방법[7]도 마찬가지다. 한 번에 한 가지를 제안하든 열 가지를 제안하든 크게 상관은 없지만, 대신, 제안할 때에도 임팩트 있게 하자는 거다. 다시 말하면 MD가 선택할 때 신속히 선택하되 후회하지 않을 아이템을 만들어서 제안하라는 말이다.

자부심을 가지고 제안할 수 있는 한 아이템을 제안하면서 그외의 부속적인 제안 상품은 너무 튀지 않게 제안을 하는 게 좋겠다. 아니면, 임팩트 있는 아이템을 더 빛나게 해줄 수 있는 부속 제안 상품을 제안하는 것도 좋을 것이다.

제안은 한 번에 한 개씩!!!

한번은 이런 경험이 있었다. 한 오픈마켓의 카테고리 담당이 바뀌면서, 기존 쿠폰을 지원받았던 것이 모두 삭제되었다. 가장 먼저 필자가 해야 할 일은 그 새로운 MD와 친해져야 하는 것이었으며, 그 다음에 쿠폰 지원을 요청하는 게 순서라고 생각했다.

마침, 다른 카테고리에 있는 친한 MD가 마침 그 MD랑 친하여 같이 미팅을 하게 되었고 덕분에, 짧은 시간 내에 친해질 수 있었다.

자~! 이제 친해졌으니 그동안 삭제된 쿠폰을 재요청하기 위해 서엑셀로 30개 정도의 상품을 정리하여 이메일로 보냈다.

하루… 이틀… 사흘…. 그 MD는 내 메일을 읽어 보지도 않았다. 그래서 하도 답답해서 직접 MD에게 문의를 하였다.

'MD님. 제 제안서의 검토는 언제쯤 가능하신가요?'

---

7) ① 후회하지 않을 아이템을 만들라
　② 다른 제안은 주 제안을 보조하도록 만들라
　③ 한 번에 한 개씩!

'아, 제가 바빠서요. 그 상품들을 검토할 시간이 없네요. 시간나는 대로 검토하고 말씀드릴게요.'

음…, 이게 뭐지?

내가 MD입장으로 생각해보니 제안상품이 한두 개가 아닌 목록으로 길게 좌악 늘어놨으니, 내가 봐도 건들고 싶은 마음이 없어질 것 같았다.

그래서 내가 내린 결론은 이것이었다.

'그래…. 하루에 상품 하나씩 제안하자.'

'MD님. 그럼 그 제안은 잊으시고 제가 하루에 상품 한 개씩 제안하겠습니다.'

MD 입장에서야 하려면 하고 말려면 말고…선택의 부담이 없었을 것이다. 그 MD도 흔쾌히 알겠다고 했다.

그래서 필자는 언제가 가장 좋은 때일까를 생각했다. 출근하자마자는 바쁠 것 같고 점심시간이 다가올 때는 약간 여유가 있을 것 같아서 매일 11시 20분쯤에 상품 하나씩 제안을 하기 시작했다. 한 달 후… 내 모든 상품은 쿠폰이 지원되었으며, 그 후, 상품조합에 관련하여 집중하며 일을 할 수 있었다.

한 가지 팁!

지금까지 MD들과 소통을 해보면서 느낀 것은 제안서를 보낼때 너무 딱딱하게 내용만 적는 걸 별로 좋아하지 않는다는 것.

MD도 사람인지라 하루에도 몇 십 개, 몇 백 개 이상 보는 제안서

들이 딱딱하면 아주 대단한 제안이 아닌 이상 눈에 안 들어온다는 것이다.

제안서에 색깔도 넣고, 선도 예쁘게 넣고, 특수문자도 넣어서 통통 튀는 제안서를 만들어 보자. 아마 이 책을 읽고 있는 MD들은 왼손으로 책을 잡고 오른손으로 이마를 때리면서 '맞아… 어떻게 알았지?'라고 할 것이다.ㅋㅋ

눈에 띄는 제안서 만들기

제안서에 색깔을 넣어라
선에도 색을 넣어라
특수문자나 아이콘을 적절히 사용하라

★★★★★ 이제는 내가 MD!

내 상품을 가장 잘아는 사람은 바로 나다.

언제까지 MD가 내 상품을 잘 팔아줄꺼라는 기대는 3년전에 접었어야 한다.

최근 눈에 띄었던 상품은 한복판매였다. 한복은 일년에 몇 번 입지 않는 옷으로 온라인에서 판매가 많이 된 편이 아니였다.

하지만, 최근 서울 몇몇동네에서 한복을 대여해주고 국내유적등을 보는 관광코스가 국내,해외인들에게 관심이 높아지면서, 온라인

에서 판매를 하고 있는 것이다. 이부분은 그리 놀랍지 않다. 이유는 이미 노출이 많이 되어 있기 때문이다.

하지만, 한 판매자는 '성년의날'을 포인트로 성년이 된 기념으로 한복과 향수를 패키지화 하여 판매하였고, 구매수는 2만건을 이틀 만에 돌파하였다. 이 부분은 '빼빼로'를 팔기위해 '빼빼로 데이'를 만든거나 모가 다를까.

결국, 온라인으로 상품을 판매하려면, 남들과 같은 조건, 상품으로 판매는 어렵고, 자기만의 독특한 아이디어와 상식적인 구매자의 눈을 읽을 수 있는 능력을 키우는게 가장 중요한 부분이라고 생각한다.

07 MD가 싫어하는 판매자

말 나온 김에 MD가 재미있어할 만한 이야기를 더 해보자. 그들이 싫어하는 타입의 판매자 리스트를 뽑아봤다(참고로, 필자는 MD를 해본 경험이 없다.).

1. 주말에 전화하는 판매자
2. 경쟁력도 없고 판매도 되지 않을 만한 상품을 계속해서 밀어달라고 억지 부리는 판매자
3. 행사하자고 징징거리다가, 막상 행사 일정 잡고 나면, 배송이나 고객 관리에는 관심도 없고 판매에만 급급한 판매자
4. 말도 안 되는 이상한 상품 제안하는 판매자
5. 상품의 유효기간이 짧은 상품 제안하는 판매자

아마 거의 정확할 것이다. 왜냐하면 필자가 실제로 이렇게 해 본

경험이 있고 그들이 이런 제안을 싫어한다는 걸 몸으로 느꼈기 때문이다.^^

그래도 꼭 팔아야 한다면, 여기저기 찔러나 보자. 각 온라인 판매 채널에 따라 취향이 다르기 때문에 가끔은 먹힐 때가(?) 있다. 인생을 살다보니 '열 번 찍어 안 넘어 가는 나무 없다.'라는 말이 공감이 되지만, 또 다른 한편으로는열 번 찍으면 결국 나무는 넘어가지만, 그 나무를 어떻게 사용 또는 활용하느냐도 중요하다고 생각된다.

08 어떻게 가방이 천 원이야! 거기다 무료배송까지…

　가끔 가방을 행사하는데 기본 판매가가 천 원인 경우도 있다. 배송비도 아무리 싸게 계약을 맺어도 1,500원 정도는 하지 않는가. 설사 택배사를 직접 운영한다 해도 말이다.

　여기서 잠깐!!

　탑셀러가 돼서 물량이 많아지면, 택배사를 인수하여 시작하는 것도 추천한다. 기본적으로 내 회사에서 물량이 나오면, 그 기준으로도 충분히 택배사를 차릴 기본이 될 수 있고, 내가 판매하는 상품의 택배비는 최저가가 되어 가격면에서 더욱 경쟁력이 생기며, 택배사를 함으로써, 택배비의 마진이라는 이익도 생기기 때문이다. 물론, 택배사를 운영한다는 것은 쉬운 일은 아니다. 각 지역의 기사님들부터 사고 건까지 신경 쓰는 것도 한두 가지가 아니기 때문이다. 하

지만, 정말로 탑셀러들 중에는 택배사를 직접 운영하기도 하며, 아니면, 가까운 택배사에 의뢰를 하지 않고, 택배사의 허브(각 지역의 택배가 모여 다시 배송지역으로 돌아가는 중심지로 주로 지방에 위치)로 직접 자가 트럭으로 가져다 주기도 한다. 이런 경우는 가까운 택배사의 마진을 내가 직접 챙길 수 있기 때문이다.

자 다시 가방으로….

그래도 가방이 천 원에 무료배송이 될 수는 없다. 아무리 택배사를 직접 하고 가방도 중국에서 만든다고 하더라도 말이다.

그렇다면 어떻게 천 원짜리 가방에 무료배송이 가능할까. 이런 경우는 결국 그 판매채널에서 택배비를 지원해 준다고 보면 된다. 그것밖에 이유가 없다. 광고든 마케팅이든 뭔가 있기 때문에 지원을 해주는 것이고 특히 그 지원을 받는 탑셀러는 운이 정말 좋다고 보면 된다.

그렇다고 아주 운이 좋은 건 아니다. 가방을 팔아서 묶음배송으로 택배비의 백마진을 받지 않는 이상 또는, 옵션가가 있는 마진 높은 가방을 많이 팔지 않는 이상 이익은 그리 크지 않을 것이며, 또한, 주문 건이 많아 한 번에 많은 인력이 필요할 것이기 때문에 비용도 만만찮게 발생한다는 것을 생각하지 않을 수 없다.

대신, 큰 행사를 한 번 이상 진행한 경우, 판매자의 단골구매자를 많이 확보할 수 있다는 장점이 있고 또한 탑셀러로 전환되는 기회를 갖게 될 것이다.

위와 같이 정산금이건 배송비건 지원을 받으려면, 소소셀러로는 절대 될 수 없는 일이다. 직접 제작 또는 독점권 판매 등으로 다른 판매자들보다 두드러진 경쟁력을 갖고 있어야 가능한 이야기다.

그렇다고 지레 겁먹지는 않았으면 한다. 이런 것을 알고 있는 것과 모르고 있는 것은 엄청난 차이가 있다. 알고 MD에게 제안하는 것과 모르고 제안하는 것은 제안 자체에도 큰 차이가 나기 때문이다.

자 힘을 내자!

누구든 사업을 시작하면서 자본금을 엄청 부어대지 않는 이상 처음부터 잘되는 사람은 없다.

필자의 경우도 자본금은 천오백만 원(이 중 천만 원은 제조회사의 상품 보증금)부터 시작했으니까. 따지면 결국 500만 원으로 시작한 것이다.

MD를 만나야 하는 것부터, 다들 똑같이 내는 수수료를 좀 더 싸게 내는 방법, 배송비나 정산금을 지원받을 수 있는 방법을 찾아내기까지 숱한 실패와 오류를 겪었다. 어떤 일을 하든지 순서가 있어 기본적인 것은 안 해봐도 알 수 있지만, 온라인 판매에 관련해서는 이런 순서들을 아무도 말해주지 않는다. 모두 혼자서 부딪히면서 알아내고 깨달아야 한다. 필자는 모두 다 그렇게 하기를 원하지 않는다. 누군가 도움을 준다면 정말 힘이 되고 접고 싶은 순간에도 다시 한 번 힘을 내는 계기가 된다. 그래서 필자의 훈수는 계속된다.

온라인 판매증대를 하기 위해서는 조건이 있다.

1. 많은 사람들이 자주 구매할 만한 상품

   (가공식품, 과일, 농산물, 의류 등)

2. 가격이 비싸지 않아 부담 없는 가격에 푸짐한 상품

   (과거에는 만원 안쪽에서 많이 구매되었다면, 최근은 15,000원까지는

   괜찮다. 이는 온라인을 통한 구매의 신뢰도 등이 오른게 아닌가 싶다)

3. 상품의 보유수가 꽤 많아 묶음으로 배송비를 절약할 수 있는 상품

   (의류 등의 가벼운 상품이 좋으며, 각 상품을 무료배송으로 판매했을 때,

   구매자들이 묶어서 구매하면 한 번 이외의 배송비는 모두 마진이 됨.)

> 추천하는 이유는
> '비과세'이기때문

 아직 온라인 판매를 시작하지 않으셨다면, 단가가 높거나 마진의 폭이 큰 상품보다도 구매가 많이 이루어지는 상품을 선택하는 것도 좋다. 특히, 과일의 경우 가공식품처럼 가격이 정해져 있는 것이 아니라서, 이익을 많이 낼 수도 있다. 같은 밭에서 나는 과일도 어떻게 포장하느냐에 따라 판매금액이 달라지며, 구매자들도 과일의 경우 눈에 띄는 곳에서 구매하려는 욕구가 있다.

 과일 및 농산물을 추천하는 이유는 '비과세'이기 때문이다.

 물론 이 2가지의 카테고미만 비과세는 아니다. 그 외에 축산물, 도서 등 비과세인 품목이 있으니 판매자가 판매할 상품의 카테고리 및 세율을 확인하고 진행하는 것이 좋다.

 특히, 상품을 등록할 때, 과세 상품인지 비과세 상품인지 꼭 확인

하고 클릭해 줘야 후에 세금 관련하여 문제가 없다. 필자도 초기에는 비과세 품목을 과세 상품으로 등록하여 이미 판매된 매출에 대해 변경하느라 시간과 에너지 등에 쓸데없는 소비를 많이 한 기억이 난다. ^^

그외에 온라인 판매로 탑셀러가 되도 세금관련 정리를 제대로 하지 않아, 세금폭탄으로 사업 실패한 셀러들도 꽤 있다. 온라인에서 판매한 모든 매출은 판매되는 족족 통신판매로 모두 확인된다는 것을 잊지 말아야 한다.

그런 면에서 과일이나 농산물은 큰 매력이 있다.[8]

세금 상관없이 열심히 팔아도 되니 말이다. 게다가 요즘에는 국가에서 귀농하는 사람들에게 많은 지원도 해주고 있으니 더 조건이 좋다. 그리고 또 하나의 장점은 의류나 가공식품보다 아직은 경쟁이 덜하다는 것이다.

부모님이 농사를 하시거나 도매를 하시는 분들의 자녀분들이 온라인으로 판매를 하는 경우도 많이 늘긴 했으나 아직도 기회는 충분히 있다고 본다.

요즘 신문을 보면 부자들이 명품보다는 취미생활, 식품 등에 관심을 보인다고 한다. 이제 사람들이 좀 더 실용성을 찾고 있다는 증

---

8) 과일 및 농산물이 좋은 이유
　① 비과세이다.
　② 가공식품보다 경쟁이 덜하다.
　③ 사람들의 관심사가 건강과 실용성에 집중되고 있다.

거라고 할까.

사실 필자도 그동안 매년 겨울마다 제철 과일을 판매해 왔다. 필자가 직접 재배, 수확하지는 않지만, 운이 좋아서 판매하게 된 경우다. 그렇다고 가만히 있는데 덜컹 나온 아이템은 아니다.

항상 발로 뛰는 만큼 운(기회)이 따른다고 보는 것이 옳다.

실제로 큰 회사에서 MD생활을 하다, 귀농하여 온라인 채널에서 과일을 판매하는 분도 있다. 사업의 성장성을 읽었다고 할까. 혹시 주위에 시골에 사시는 고모님이나 이모님, 할머니 분들이 농사 등을 하신다면, 현 온라인의 판매자들의 가격 및 상품성을 따져보는 것도 괜찮다.

과거에는 무조건 가장 싼 상품을 구매하는게 트렌드였다면, 온라인의 구매가 활발해 지면서, 진실이 드러나고 있는 것이다. 결국 먹는 상품은 가격과 상품이 직접적으로 연계가 없다는 것이다.

예를 들어, 같은 사과를 3Kg에 만원에 파는 한 판매자와 같은 용량을 만천원에 파는 판매자가 있다면, 누구한테 사야할 것인가? 아무리 같은 사과라고 해도 농장의 위치, 농부가 어떻게 재배하느냐, 포장의 기준등 직접 두 개다 구매해서 비교해 보지 않는이상, 구매자들의 평에만 의지할 수 있기 때문이다.

결국 같은내용 반복이지만, 남들이 가지고 있지 않은 상품의 매력을 더해야 이겨낼수 있는 시장이다.

09 어떤 온라인 판매채널에 줄을 설까?

어떤 온라인 사업자도 모든 온라인 판매채널에 자기 상품을 엄청 많이 팔고 싶어 할 것이다. 하지만, 이전에도 얘기했듯이 MD들은 누가 탑셀러인지. 누가 어느 채널에 줄을 섰는지 모두 알고 있다. 더 웃긴건 그 탑셀러들도 서로 어느 라인인지 알고 있다는 것이다. 그래서 판매자는 어디의 라인에 줄을 서야 하는지 심각하게 고민할 필요가 있다.

물론 내가 소소셀러(소소하게 판매하는 셀러)일 때 도와주었던 MD가 있다면, 그 MD가 어느 회사로 이직을 하든, 계속 있든 의리를 지키고 그 MD에게 충성을 해야 하며(이건 내 스타일. 꼭 안 그래도 됨.) 나와 코드가 비슷한 MD라 대화도 잘 되고 진정성이 있다면 비즈니스를 계속 하면 될 것이다. 그러나 이 경우만큼은 말리고 싶다. 제일 많이

판매되고 있는 채널에 가서 줄을 서는 것.

판매순위가 높은 채널은 이미 많은 탑셀러들이 줄을 서 있고, 광고비도 많이 요구하며, 이것저것 맞춰 줘야 하는 부분도 많아 너무 어렵고, 그전에 아마 MD가 쳐다보지도 않을 것이다. 그래서 필자의 추천은 중간정도의 채널에 줄을 서서 열심히 하는 모습을 보여주면 1등의 채널 MD도 저 멀리서 당신을 쳐다보고 있다가 언젠가는 연락을 먼저 해올 수도 있다는 것. 웬만큼 인지도가 올라갔다거나 이제 준비가 됐다 싶으면 그때 그 MD에게 다가서는 것도 늦지 않는다. 필자의 경우도 그렇게 시작한 케이스다.

한 상품을 3등의 채널에서 열심히 판매하다 1등의 채널 MD에게 전화를 하니 나의 쇼핑몰 이름까지 알고 있었으며, 좋은 가격을 제안하니 전화 한 통화로 쿠폰을 지원해 주어 수수료를 낮춰 주었다. 무슨 일을 하든지 방법은 여러 가지다. 포기하지 말고 아이디어를 짜고 직접 실행하는 것이 중요할 뿐이다. 남들이 하지 않는 길을 개척하는 것이 성공에 이르는 지름길이다.

10 MD가 사정을 한다?

정말 이런 일이 일어날 수 있을까? MD라는 존재는 자존심을 빼면 시체일 정도로 판매자들에게 아쉬운 소리를 하는 존재는 아니다. 하지만, 다른 판매채널에서 잘 판매되고 있는 상품이 자신의 채널에는 등록되어 있지 않다면, 자신을 내리고 판매자에게 전화해서 판매를 해달라고 요청하는 경우가 있다. 필자가 그런 경우를 당해보진 않았지만, 한 채널의 MD와의 대화에서 들은 얘기로 상품은 과일 중 하나였는데, 그 판매자는 국내에서 그 카테고리에서만큼은 최고라고 누구나 생각하는 곳이었다.

MD가 구걸할 정도의 탑셀러가 된다면….

당신은 챔피언!^^

click
03

MD와 친해지기
(지피지기 백전백승)

11 나는야 간신 탑셀러

사람들이 나를 '간신 셀러[9]'라 부른다. 각 채널의 MD들이 직접 대놓고 그렇게 부르기도 한다. 어떻게 보면 쪽팔리고 정당하지 않아 보이지만, 난 그냥 웃으면서 농담 반 진담 반으로 넘긴다.

왜냐하면…. 난 진짜 간신셀러니까….ㅋㅋ

여기에선 여기가 최고, 저기 가선 저기가 최고.

싸바싸바도 적당하게 필요한게 비즈니스다.

그들에게 아무리 싸바싸바를 한다 해도, 반감은커녕 비즈니스에 대하여 더욱 긍정적인 태도로 마음을 오픈한다.

한 판매채널의 MD들과 식사를 했다.

---

9) MD들에게 간신셀러가 되라. 칭찬을 싫어하는 MD는 없다. 여기서는 여기가 제일 좋다고 하고 저기서는 그곳이 제일 좋다고 하라. 그러나 악한 셀러가 되면 안 된다. 진실은 통한다.

"와 MD님. 다른 데는 매출이 더 이상 성장하지 않는데 MD님의 채널은 매출이 계속 오르네요. 정말 XX는 짱인 것같아요….”

"네, 유팀장님(필자는 유팀장이라 불린다.), 그건 그래요. 하지만, 유팀장님은 저기 가서는 저기가 짱이라고 하고, 여기 와서는 여기가 짱이라고 하잖아요. ㅋㅋ”

"네. 맞아요. 제가 좀 간신 스타일이죠. ㅋㅋ”

아무리 여기저기 간신 스타일로 헤집고 다니며, 판매를 하고 있다고 하지만, 필자는 필자만의 진짜 라인이 있다.

쉿!

말할 순 없다. 만약 말한다면 난 다른 채널에선 더 이상 판매를 하지 못하게 되기 때문이다. 하지만, 아는 사람들도 있다. 무언의 진실. 밝혀 봤자 좋은 건 없다.

필자같이 여기저기 붙는 간신 스타일이 있는 반면에, 악한 스타일의 탑셀러들도 있다. 경쟁자를 모함하거나, 거짓 내용을 MD들에게 퍼뜨리는 것이다.

제철 과일을 팔면서 행사도 하고 소셜에도 판매하면서 판매량이 많아질 때쯤이었다. 필자가 판매하는 과일에 안 좋은 상태의 상품을 섞어 판다는 둥, 자기네 상품을 가져가서 판다는 둥, 자기네 상품보다 안 좋다는 둥.

우리 경쟁자들은 모두 전국구인데 온라인 상에서 소문이 나는 것도 참 신기하다. MD들이 가끔 내 상품 또는 타판매자의 상품들을

의심하기도 할 때는 뭔가 이유가 있는 것이다.

하지만, 그런 구설수에 휘둘리지 말고, 끝까지 판매에 집중하는 것이 제일 중요하다.

멀쩡한 MD라면, 그런 내용들을 그리 귀담아 듣지 않을 것이다.

한국은 너무 좁다. 세계는 더욱 좁다.

12 소셜상품 VS 오픈마켓상품

이 두상품은 무엇이 다를까?

같은 상품일 수 있는데 가격이 다르고, 가격이 같은데 다른 상품인 것 같고…. @.@

그럼 소셜에서 판매를 해야 하는 건지 오픈마켓에서 판매를 해야 하는 건지…. 둘 다 해도 괜찮은지. 독자 여러분에게는 둘 다 할 수 있도록 팁을 주려고 한다.

우선 염려해야 할 부분은 바로 구매자. 능력 구매자들이다. 이들은 어떻게 해서든 온라인 판매 최저가를 찾는다. 그들을 속이려면(?) 아니 이기려면 우리는 한 발 먼저 움직여야 한다.

만약 당신이 현재 오픈마켓에서 상품을 판매하고 있다면, 소셜에서 당신 상품의 딜이 시작되기 전에 오픈마켓에 판매하고 있는 상

품들의 가격을 모두 50% 이상씩 올려야 한다.

온라인 최저가를
만들라

오픈마켓에서 모두 비슷한 가격에 판매를 하고 있는 것을 확인한 능력 구매자들은 소셜에서 50% 정도 할인된 금액으로 판매되는 상품을 발견한 즉시 구매를 할 것이며, 정해진 단기간(딜기간)에만 구매할 수 있는 상품만을 구매할 것이다.

대박 구매 능력자는 이런 것까지 알아낼 수 있다. 하지만, 그 수는 10% 이하로 예상하는 정도이니 너무 무서워하지 말고 나머지의 대부분 쇼핑에 약한, 충동구매에 강한 구매자들에게 어필하자.

맨날 같은 가격으로 여기저기 떠다니는 상품은 아무도 관심을 갖지 않는다는 것을 기억하자.

아니면, 다른 방법도 있다. 만약 상품이 여러 개라면, 오픈마켓처럼 단품으로 팔지 말고, 조합을 해서 구매자들이 쉽게

여러상품 조합하기

단가를 파악할 수 없게 만드는 것이다. 조회해도 찾을 수 없는 상품. 의류라면 티와 바지를 합치거나 과자라면 여러 종류를 섞거나.

이미 오픈마켓과 검색포털사이트에는 상품 단품의 최저가를 찾을 수 있는 상태이므로, 다른 판매자들이 가지고 있지 않은 톡톡 튀는 아이디어로 같은 상품 다른 이익률을 낼 수 있는 이런 방법을 생각해 볼 만 하다.

필자의 예를 들어 보겠다. 필자가 기본적으로 판매하고 있는 아이템인 음료수. 아…, 음료수를 더 많이 팔아볼 수는 없을까?

최저가는 이미 공개되어 있고 소셜은 수수료가 너무 비싸고 이익률이 낮으면 많이 팔아봤자 세금만 많이 나오고 수익에는 도움이 안 되고….

한참 고민 끝에 위의 내용처럼 음료수를 조합하기로 했다.

2012년 2월.

바로 '음료수 골라담기전(展)'.

음료수를 좋아하는 사람이라면, 소셜을 통해 한 번쯤은 구매해 봤을 딜이다. '음료수 골라담기전(展)'이라는 것은 보통 온라인에서는 동일 음료수 한 박스를 기본으로 해서 판매하고 있지만 가까운 슈퍼나 대형마트에서 구매하는 것처럼 원하는 음료수를 총 개수만 맞춰 종류에 상관없이 골라 담아 구매할 수 있는 딜이다. 한 박스에 24캔이 들어간다고 하면, 딜에 있는 상품들은 내 마음대로 24캔 또는 48캔을 고를 수 있다. 구매 금액 또한 한 박스씩 사는 것보다는 약간 비싸지만, 한 가정에서 같은 맛으로 한 박스 구매한다는 건 벅차기 때문에 가족들이 좋아하는 이 맛, 저 맛 골라서 구매할 수 있다는 건 큰 장점이 된다.

이건 필자가 고안한 아이디어 상품이다. 이 내용을 보고 또 여기저기서 자신들이 창시한 상품이라고 할 정도가 된다면 더욱 고맙겠다. 그만큼 필자의 책을 많이 읽어줬으니까….^^

한가지 더 저자의 아이디어 상품은 매실 패키지이다. 매실철이 되면 여기저기서 매실을 몇키로 단위로 박스기준으로 판매를 시작한다. 하지만, 구매자들은 매실을 사면서 매실 담는통을 구매해야 된다는 생각이 같이 든다는걸 어머니의 전화통화로 알게되었다. 그래서, 매실과 매실담는 큰 플라스틱 용기를 묶어서 판매하는 아이디어로 MD에게 칭찬을 받은 패키지 중 하나다.

하지만, 좋은 아이디어라고 생각하고 MD에게 칭찬을 받았지만, 실패한 예가 있다.

생수를 원하는 요일에 배송해 준다는 내용으로, 대신 구매자는 월단위로 미리 결제를 해야하는 패기지였다. 그때가 8년전이었으니, 온라인에 생소한 사람들에게 상품을 받지도 않고 월 단위로 미리 결제한다는게 부담이었을 것 같고, 그때는 지금만큼 생수를 온라인을 통해 구매하기 보다는, 월단위 정수기 렌트가 더 많은 인기가 있었기 때문이었던 것 같다.

시기상 저자의 아이디어는 너무 일렀던 것이 패키지의 실패로 이어진 것으로 생각된다.

그 외에 '꼬마캔 모음전(展)'(용량이 150~175mL인 작은 용량만 모은 음료), '비타민C 함유 음료 모음전(展)', '커피캔 골라담기'등의 조합을 만들었으며, 이 딜은 앞으로도 계속 이어질 것이다.

아…! 한 가지 더 생각났다. 한번은 소셜에 아기를 위한 유기농과

자를 판매한 것을 보고 정말 최저가인지 여기저기 알아보니 실제로 오픈마켓에서 판매하고 있었다. 포장도 같고 가격도 약간은 비슷했지만, 자세히 보니 소셜에서 판매하는 과자의 모양은 약간 기다란 것이었고 오픈마켓에서 판매하는 상품의 모양은 동글동글했다.

그럼 어디서 구매하는 게 더 싸게 득템을 할 수 있는 걸까. 이런 것이 구매자들을 혼란시키는 상품이다. 영리한 상품인 것이다.

필자가 아직도 그 상품을 기억하는 것을 보면, 소셜과 오픈마켓의 상품을 구별하여 상표까지 특이하게 만들었던 괜찮은 상품이었기 때문이다. 영리한 판매자이다.

이렇듯 조합이 될 수 없는 상품이다 싶으면, 아예 소셜과 오픈마켓의 상품에 차별화를 두는 것도 좋은 방법이다.

한 가지 잼있었던건…. 보통 오픈마켓에서 판매하던 것을 소셜에서 판매하는 게 통상적인데 어떤 상품은 무조건 절대로 소셜에서만 판매한다.

예를 들자면, 내가 좋아하는 XX소시지. 아무래도 오픈마켓이 쿠폰지원을 많이 해주고 포인트 적립도 되기 때문에 웬만하면 소셜에서가 아닌 오픈마켓에서 사고 싶은데 그 소시지는 무조건 소셜에서만 판다.

제길…. 그 소시지를 구매하려면 여기저기 소셜을 검색해서 딜하는 기간을 따라다니며 구매해야한다. 고객이 상품을 따라다니는 경험은 필자도 처음이다. 이것도 하나의 방법이다.

하지만, 이것만은 알아두자. 오픈마켓에서 행사를 하든, 소셜에서 딜을 진행하든, 웬만하면 중복이 안 되는 걸로 해야 한다. 그래야 판매량을 늘릴 수 있으며, MD와의 신뢰도 쌓인다.

13 온라인판매

과연 온라인으로 판매하여 성공할 수 있을까. 적성에는 맞을까라는 고민은 사업을 시작하기 전에 당연히 해야 한다. 남들이 잘된다고 해서, 좀 더 쉽게 돈을 벌 것 같아서. 이런 식의 사업은 실패만 경험할 뿐이다.

이 이야기는 어쩌면 앞쪽에서 미리 시작했어야 할지도 모르겠다. 하지만, 이 부분을 읽고 미리 포기하는 분이 있을지도 모르겠어서 여기에 둔다.^^

그럼 어떤 능력을 가지고 있어야 온라인 판매를 잘할 수 있을까. 바로 필자 같은 사람이면 될 것 같다.^^

온라인 판매에 뛰어들기 전에는 강사도 했었고, 회사도 다닌다. 특히 큰 회사에 들어가려면, 이력서를 잘 써야 해서 필자는 항상 자

신에 대해 솔직하게 쓰는 것보다는 이력서를 읽는 임원들의 마음에
들게 쓰는 편이었다.

내용인즉,

자 기 소 개 서

유 팀 장

저는 끈기가 있어한 가지에 몰두하는 스타일이며,
항상 같은 일이 반복이 되더라도
꾸준히, 열심히 하는 스타일입니다.
특히, 마음이 약한 편이라 지인들에게 부탁을 받으면,
쉽게 뿌리치지 못하고 도와주는 편입니다.
그래서 오히려 제가 지금까지 제가 할 일보다는
남들을 위해 인생을 더 살지 않았나 생각이 듭니다.
하지만, 앞으로도 저만을 위한 것이 아닌
항상 OO회사를 위해서 저 하나 희생할 각오가 되어있습니다.

이정도…?^^

어쩔 수 없었다. 취직이 하고 싶었고 대세가 그랬었기 때문에. 하지만 만약, 취직 목적이 아닌 내 자신을 실제로 적으라면

자 기 소 개 서

유 팀 장

저는 한 가지만 반복적으로 하는 일에 쉽게 싫증을 내며, 항상 색 다른 일을 추구하는 편입니다. 특히 탐구심이 많아 한 가지에일 에 몰두하기가 어렵고, 한 번에 여러 가지 일을 해야 적성에 맞는 편입니다. 창조정신 또한 강해 평소에 하던 일을 다른 방법으로 해결하려다 문제를 일으키는 경우가 많습니다. 단점이라면 집중력이 약해한 시간 이상 미팅을 하면 쉽게 졸립니다.

이런 내용이 될 것이다. 너무 솔직했나…?

물론 온라인 판매에 있어서 집중력은 중요하다. 여기저기 둘러보면서 내 경쟁자들은 어떻게 움직이고 있는지, 어떤 신상품이 대박

가능성이 있는지, 내 상품의 수요는 얼마나 될는지 등 연구를 해야한다. 하지만, 위의 결과는 한 곳만 집중한다고 되는 게 아니고, 여기저기의 많은 작은 정보들을 모아서 스스로 인지할 수 있는 능력이 필요하다는 것이다. 그러므로 온라인 판매를 하려면, 오픈마켓의 행사나 소셜의 딜을 연구하며, 항상 발 빠르고, 행동영역이 넓고, 특히 '선빵'이 중요하다.

'선빵'이라는 단어가 나와서 말인데… '선빵'은 정말 온라인 판매에선 너무너무너무 중요하다.[10] 신상품을 가장 빨리 판다고 해서 그상품이 제일 많이 팔리는 것은 아니다. 하지만, 그 신상품을 '선빵'으로 어떻게 판매하느냐가 관건인 것이다.

음료를 예로 들자면, 최근 아이들을 겨냥한 캐릭터 뽀로로, 앵그리버드 등을 브랜드와 접목시킨 음료들이 출시되고 있다. 그럼 그상품을 제조사와 도매가를 측정하여 MD와 손을 잡고 '선빵'으로판매한다면, 바로 그 한 발짝 뒤의 다른 판매자가 비슷한 가격으로팔아도 MD는 쳐다보지도 않는다. 이미 선빵 셀러와 손을 잡았고,더 이상 그 상품에 대해 신경 쓸 시간이 없다.

후발주자에게도 방법은 있다. 가격을 아주 싸게 판매하는 방법이다. 판매가를 싸게 한다는 건 매입가를 싸게 할 수 있는 능력이 되야 가능하다. 어려운 일이다. 게다가 신상품들은 제조사에서 거의

---

10) 온라인 판매의 성공요인 선빵을 날려라!
   최초의 선택과 협상이 중요하다. MD와 손을 잡고 선빵으로 진행을 하면 후발
   주자의 상품은 MD들이 눈길도 주지 않는다.

가격할인을 해주지 않기 때문에 더욱 힘들다.

정 답답하면 내가 제조를 해야지….

그렇기 때문에 '선빵'을 날려야 한다.

14 트렌디한 셀러

탑셀러가 되려면 현 시대의 유행에 민감해야 한다. 10년 전부터는 드라마에 연예인이 입고 있는 값비싼 옷을 카피하여 바로 다음날 저렴한 가격으로 판매하고 있는 판매자가 늘고 있다. 연예인이 입었던 옷은 입고 싶지만, 비싸다고 느끼거나, 낭비, 사치라고 생각하는 구매자들은 꿩 대신 닭으로 온라인에 파는 카피제품을 구매한다. 어차피 유행옷이라 한 해 입고 말거라고 생각하면 더더욱 그렇다.

그 정도로 어린이는 유아 캐릭터로, 젊은이들은 트렌디한 패션 감각으로, 어르신들은 그들의 체형의 맞는 사이즈 등으로 트렌드를 읽는 감각이 있어야 한다.

물론, 굳이 매체나 신문을 보지 않더라도, 밖을 돌아다니면서 쉽

게 포인트를 잡는 사람도 있겠지만, 신이 내려주신 트렌드를 잡아내는 DNA가 없다면 열심히 공부해야 한다. 특히, 유행어라도 상황에 맞게 잘 따라할 수 있다면, 판매의 20%는 성공할 수 있다. 유행어, 말장난으로 성공할 수 있다고?

아무래도 같은 단어라도 센스 있는 트렌디한 단어를 구사한다면, 고객의 시선을 끌 수 있다.

예를 들자면,

1. 깜놀 가격 (깜짝 놀랄만한 가격)
2. 용감한 가격 (용감하게 싸게 파는 가격)
3. 멘붕 가격 (멘탈이 붕괴될 정도의 놀랄 만한 가격)
4. 억지가격 (억지로 가격을 싸게 만든 가격)
5. 무배행사 (무료배송 행사 – 사실 무배는 MD들이 쓰는 용어)
6. 인생가격, 올킬, 슈퍼딜, 실시간 특가, 하루특가, 주간특가 등

그 외 트렌디하지 않더라도 아직도 속아 넘어가는 고객이 있는 단어들은,

1. 오늘만 이 가격
2. 선착순 OOO명만
3. 무료배송 행사기간 등
정말 그때만 싸게 파는 건 아닌데 맨날 위에 처럼 써있는데 효과가 있다.ㅋㅋ

실제로, 선착순 몇 명이라고 적혀있는 것을 본 고객은 시간이 지나면 구매하지 못할까봐 충동구매를 하는 경향이 있다. 직접 판매자 고객센터에 전화를 하여 재고가 얼마나 남아있는지 확인하는 분도 있다.

웃을 일은 아니다. 오히려 그 고객에게 저희 상품에 관심을 가져주셔서 감사하다고 인사를 드리는 게 맞다.^^

click
04

MD 라는 존재는…

15 MD에게 신뢰를 줘야 한다

정말이지 MD는 웬만큼 기가 세지 않으면 안 될 것 같다. 내가 아는 판매자들만 해도 나름 탑셀러라 덩치가 큰 하나의 기업이라고 볼 수 있고 그 판매자들 또한 기가 엄청 세다. 그래서 MD가 되려면 그 기가 센 탑셀러들에게 휘둘리지 않아야 하기에 단단히 마음먹고 시작해야 할 것이다.

MD들과의 첫 대화를 전화로 하는 것은 쉽지 않다. 심지어 특정 오픈마켓은 MD의 전화번호를 공개하지 않는다. 이메일만 적혀 있어서, 메일로 제안을 하고 전화 올 때까지 눈빠지게 기다려야 한다. 그러다 끝내 응답이 없는 경우도 많은데 그것은 MD가 아예 안 봤거나, 제안한 상품이 경쟁력이나 매력이 없다고 생각했거나이다.

설사 전화가 왔는데 대답을 하나라도 어리버리하게 하면 앞으로

그 MD는 당신과 절대 비즈니스를 안 할 것이다. 그래서 제안을 한 다음, 전화 오기 전에 예상 질문을 만들어 놓고 준비를 해야 한다.

MD의 질문은 대략 다음과 같다. 이것은 직접 통화해 보지 않은 사람들에겐 대단한 정보이다.

1. 상품을 직접 제조하시나요? 아니면 어디서 받으시나요?
2. 물량은 어느 정도 보유하고 계신가요?
3. 창고는 넉넉한 크기인가요? (MD에 따라 행사를 진행하기 전에 실제 창고를 방문하는 경우가 있다.)
4. 정산금액은 어느 정도까지 해줄 수 있나요?
5. 다른 채널과 진행하시나요?
6. 저희 채널에서만 판매하실 수 있으신가요?
7. 일정은 언제부터 언제까지 할 것이니 배송까지 모두 세팅 가능하신가요? 등등이다.

위 질문들은 대략적인 큰 스케일의 내용이다. 어쩌면 당신이 감당할 수 없는 스케일일지도 모르겠다. 하지만, 사업이 앞으로 크게 될 것이라고 생각하고 임한다면, 반대로 대단한 것도 아니다. 탑셀러가 되려면 탑셀러가 하는 것처럼 따라해야 한다.

마음을 단단히 먹어라!

난 탑셀러가 될 것이라고!

다시 필자의 이야기로 돌아가보자. 온라인 사업 초기에 한방에 MD를 사로잡을 수 있었던 적이 있었다. MD와 통화를 하게 되었

는데 그 도입부분을 필자의 상품이 제일 좋고 제일 싸고 뭐 이런식의 지루한 내용을 말한 것이 아니라 현재 그 채널의 경쟁사에서 탑셀러로 활동하고 있는, 즉 그 채널의 라인에 있는 탑셀러들에 대해 정보를 흘렸다.

그 부분은 사실 경쟁사 MD들끼리 친해서 서로 공유하지 않는 이상 우리 같은 판매자보다 더 깊이 알 수 있는 방법이 누구에게도 없다. 우리 동종업계의 탑셀러들에 대해 사전조사를 하여, 그 셀러들보다 더 크고, 자신 있다는 확신을 심어주는 것이 중요하다.

 실제통화내역

따르릉….

필자 : "안녕하세요. ○○판매자 유팀장입니다."(아주 상냥하고 겸손한 목소리로)

M D : "네."(역시 무뚝뚝하다. 정말 당황스럽다. 이 목소리의 톤은 거만하게 등을 의자에 쫙 기대고 앉아 두 발을 책상에 올리고 받는 것 같은 느낌이다. 와~ 대박)

필자 : "다음 주에 경쟁 판매채널에서 저의 경쟁 탑셀러가 주말행사를 한다고 합니다. 제조업체 쪽에서 연락을 받았는데, 이번 주까지 2만개를 제작해 달라고 요청했다는 군요."

M D : "그런가요?(전화라서 얼굴은 보이지 않지만, 눈이 동그래진것이 확실하다. 게다가 놀랐다는 기색을 보이지 않기 위한 노력 또한 전화기 목소리

를 통해서 느껴진다. ㅋ) 판가(판매가)가 얼마래요?"

필자 : 제조사에서 빼가는 금액에다가 택배비와 상자 및 작업비 등을 빼면 원가가 8,000원으로 예상됩니다. 그럼 판가는 9,900원 정도가 될 것이며, 정산가는 9,500원 예상하고 있습니다."

MD : "그럼, 판매자님도 저희한테 같은 조건으로 주실 수 있으신 가요?"

필자 : (이제야 말이 통하는군)"네, 저희는 경쟁력 있게 100원을 더 내리겠습니다."

MD : "그럼 저희는 발 빠르게 이번 주말로 잡아서 행사 잡을 테니 **상품코드 주세요.**"(상품코드는 판매자가 관리자 페이지에서 상품을 등록하면 생성되는 번호로 MD와 상품에 대해 대화할 때는 이 코드를 기준으로 하게 되니 항상 신경 쓰고 있을 것.)

필자 : "알겠습니다. 메일로 보내드리겠습니다."

– 끝 –

위의 경험에 대해 오류가 많다고 항의하는 독자가 있을 수 있다고 생각한다. 그것은 당연하다. 어떤 상황이든 여러 가지의 의견이 나올 수 있으니까.

만약, 필자에게 스스로 위의 내용에 대한 오류를 찾으라고 하면,

첫째, MD는 필자를 한 번도 본적이 없는데 어떻게 전화 한 통화로 행사를 잡을 수 있는지,

둘째, 사업의 초기단계인데 타 경쟁업체에 대한 정보를 어떻게 그렇게 상세하게 알고 있는지 등의 여부이다.

좋다. 항상 반박해보고 의논해보는 습관, 그것이 자신을 더 강하게 한다.

위 두 의문에 대한 답은 이 카테고리 탑셀러들의 조사, 조사, 조사, 조사밖에 없다. 그 셀러들이 어디서 상품을 공급받으며, 하루에 얼마치 판매를 하고 있는 등등의 내용을 알아내야 한다. 경쟁자를 모르면 현재 본인의 위치를 알 수 없다.[11]

어떻게 알아내느냐? 그들이 직접 제조하지 않는 이상, 공급해주는 제조사가 분명히 있다. 그 제조자에 문의를 하여 많은 정보를 캐내는 것이다. 그곳에 전화를 해서 전화기를 통해 내 자신감의 목소리만 전달할 수 있다면, 반 이상은 성공할 수 있다.

그래서 필자도 제조사에 전화하여 비슷한 물량을 해달라고 예약을 하였다.

그런데… 한 방에 순조롭게 행사가 진행되지 않았다. 완전 반전이 시작된다.

전화통화 다음 날 제조사에서 전화가 왔다. 오늘 오전부터 그 상품의 공급이 어렵다는 것이다. 상황을 설명 들으니, 충분히 납득이 되었다. 제조사는 대신 조금 더 비싼 상품이 있는데 그 상품을 파는 게 어떻겠냐고 추천을 해주었다.

---

11) 경쟁자의 정보 알아내기
   ① 제조사를 찾아내라 ② 제조사의 신뢰를 얻어내라
   ③ 제조사의 단가를 확인하라 ④ 즉시 받을 수 있는 물량을 확인하라

여기서 잠깐.

탐구심, 의심이 있는 사람이라면, 혹시 제조사는 다른 탑셀러와 짜고 나에게 물량을 주지 않으려고 하는 건 아닌지 의심할 수 있다. 하지만, 공급이 어렵게 된 상황은 누가 봐도 납득이 가는 이유였으니 너무 깊게 생각하지 말 것! 하지만, 탑셀러가 되기 위해선 그런 의심도 꼭 필요하다.

그러나 행사를 진행하는 판매자의 입장에서 제조사와의 관계는 끈끈해야 하며, 같이 상생하는 구조이기 때문에, 신뢰가 없으면 안 된다. 애초에 믿음직한 제조사를 찾아내는 것도 판매자의 몫이다.

여하튼 필자는 MD에게 전화를 걸어 상황이 이렇게 됐으니 행사 상품을 바꾸자고 제안하였다. 경쟁업체도 준비한 다음 주 행사를 역시 취소한 상황이었다.

하지만, 그 MD는 이미 전단부터 이메일, 문자 메시지, 광고까지 해놓은 상태로 상품이나 가격을 변경할 수 없는 상황이라고 했다. 그 상품이 더 이상 원활한 공급이 안 될 것을 말해주었음에도 불구하고, 나를 버리고 다른 판매자를 찾아내어 행사를 억지로 진행하였다. 하지만, 여기서 집고 넘어가야 할 아주 중요한 부분이 있다. 만약, MD와 행사에 관련해서 모든 약속을 잡고, 다른이가 해줄수 없는 상황에서는, 판매자는 마이너스가 되더라도 진행해야 하는 경우가 있다.

약속을 하고, 상황이 바뀌어서 일방적으로 행사를 취소하는건 예의가 아니다.

사업이란, 상황에 따라 마이너스가 될 수 있는 상황이 생길수도 있고, 그 부분에서는 책임을 질 수 있는 마음가짐이 필요하다.

약속후에 마이너스가 될 것 같아 MD를 곤란한 상황으로 만들게 되면, 그와의 비즈니스는 앞으로 없을것이며, MD에세 상황을 솔직하게 말하고 마이너스가 되더라도 진행을 하면, 그 후의 비즈니스는 MD도 인간인지라, 도움을 줄 것 이다. 물론 이 부분은 판매자의 스타일에 따라 다르겠지만, 알맹이만 쏙 빼먹는다는 마음가짐으로 비즈니스를 한다면, 오래갈수 없지 않을까 싶다.

행사날.(필자는 이미 그 MD랑 메신저 친구가 되었다.)

그 상품은 전체랭킹 1위로 오전임에도 불구하고 2,000개 이상 판매가 되고 있었다. 분명, 공급이나 공급가에서 문제가 생길 텐데 계속 진행하고 있는 것으로 봐서는 걱정이 되었다. 필자 대신 진행한 그 셀러 또한 듣도보도 못한 이름으로 이상하다 생각되어 MD에게 메신저로 이렇게 글을 남겼다.

'MD님, 그 상품 현재 전체 랭킹 1위네요. 정말 축하드립니다. 하지만, 정말 물량을 소화할 수 있는지 여부를 체크하시기 바랍니다.'

MD 답변

'네. 축하해 주서서 감사합니다. 물량은 충분합니다.'

3초 만에 답이 온 것을 보니, 물량 체크는커녕 1위 했다는 것만으로도 신나있는 느낌이었다. 그리고 이틀 후, 행사를 한 그 판매자의 상품페이지에는 주문한 것이 아직 배송이 안 되고 있다는 글로 도

배가 되어 있었다.

알고 보니 그 판매자는 소소셀러였으며, 제조사에 물량을 확인하지도 않은 채, 판매를 진행한 것이었다. 그리고 그 다음 주에는 필자가 제안했다시피 경쟁채널에서는 필자가 추천한 상품으로 행사를 진행했다.

그 일이 있은 후로, 필자와 행사를 진행하기로 했던 MD는 필자를 오히려 신뢰해 주었으며, 지금까지도 같이 비즈니스를 하고 있다.

설사 시즌이 아니더라도 여러 카테고리의 MD와 함께 같이 식사도 한다.^^

이 이야기의 포인트는 '파트너쉽'이다.

필요할땐 연락하고 아니면 연락안하고, 하는 얍쌉한 비즈니스보다는, 오히려 내가 시간적 여유가 있을 때 (내가 그렇다면 MD도 여유가 있을수 있다) 가까이 다가가 마음적으로 다가가고 인간적인 얘기를 나누는게 비즈니스의 롱런이다.

16 MD 별명 지어주기

셀러에게 MD라는 존재는 굉장히 크다. 셀러가 판매하는 모든 것들이 연관되어 있으며 MD에게 작은 실수라도 하면, 깨꼬닥.

MD도 여러 성향이 있다.

필자가 현재 판매하고 있는 카테고리의 MD들의 성향이나 개성, 취향을 파악해야 빡센 온라인 판매에서 살아남을 수 있다.

한 번의 큰 행사가 잘 마무리 되면, MD와 셀러의 신뢰가 쌓이게 되며, MD하고는 전화든 카톡이든 메신저든 대화를 많이 하면 할수록 좋기 때문에, MD에게 재미있거나 멋있는 별명을 지어줌으로써, 대화할 때마다 좀 더 가까워질 수 있는 기회가 될 수도 있다.

다음은 현재 필자가 판매하고 있는 채널의 MD들의 별명이다.(여기서 맴은 매니저의 줄임말)

1. 토맴 : 이 MD는 항상 일이 많다. 물론 일이 적당히 있는 MD가 어디 있겠냐만은, 필자가 봐도 카테고리의 사이즈나 하는 일이 너무 많은 것을 이해할 정도다. 그래서 대화할 때마다 토 나올 거 같다고 하는 MD가 있다. 필자는 그를 '토맴'이라고 부른다. 그도 싫어하지 않으며 그는 성격이 쿨하다. 그는 3년전에 홈플러스로 가서 저자 상품 리스팅을 도와주었고, 지금은 해외사이트 관련 리스팅을 맡고 있어서, 내가 도움을 받을수 있는 부분을 협의하고 있다.

이 친구를 만나 오랫동안 좋은 관계를 맺을수 있어서 다행이다.

2. 그맴 : 이 MD는 정말 잘생겼다. 연예인 정도는 아니지만, 그렇게 바쁜 일정에도 불구하고 멋진 이미지와 분위기를 가졌다는 건 큰 매력인 것 같다. 그렇다고 대놓고 '잘생겼다 멋있다'라고 하기에는 필자 자신이 쑥스럽다. 필자도 여자니까…. 그래서 필자는 그를 '그맴'이라고 부른다. 그맴에게도 이유를 설명해 주었다.

거기 MD 중에선 '그나마 괜찮은 MD'라서 그맴이라고 부르겠습니다.ㅋㅋ

3. 싸맴 : 판매채널에서 이 MD가 싸가지가 없다는 것을 많은 사람들이 알고 있다. 하지만, 더 웃긴 건 그 MD도 자신이 싸가지 없다는 것을 알고 있다는 것이다. 필자가 생각해 봤을 땐, 그는 좀 더 일을 편하게 하기 위해서 판매자들에게 그렇게 대하는 것 같다. 그래서 필자가 그를 '싸맴'이라고 불러도 싫어하지 않는다.

왜냐하면 그는 마음이 따뜻한 사람이란 걸 알고 있기 때문에. 그도 필자가 그의 진짜 성격을 알고 있다는 걸 알고 있기 때문에.

4. 벤자민맴 : 아~ 이 별명은 정말이지 필자가 먹고 살기 위해 한 MD를 위해 만들어 준 별명이다. 그를 처음 만났을 때, 50대인가 했더니 알고 보니 결혼 안 한 30대 초반 노총각이었다. 속으로 생각했다. 얼마나 주위에서 나이 들어 보인다고 놀림을 당했을까.

성격도 좋으시고 마음 씀씀이도 저렇게 좋으신데. 그래서 필자는 그를 '벤자민맴'이라고 불러줬다. 여기서 벤자민이란 브래트 피트가 주연한 '벤자민 버튼의 시간은 거꾸로 간다'에 나오는 주인공 이름을 말한다. 주인공은 점점 젊어진다. 필자가 그를 벤자민맴이라고 부를 때마다 필자를 좋아해준다. 그는 정말이지 사랑스러운 사람이다.

5. 엄디님 : 가끔은 이름과 직책을 합치다 보면 발음이 어려울 때가 있다. 성은 엄 씨이며 직책은 MD. 부를 때마다 '엄 MD님'이라고 부르기 불편하여 '엄디님'이라고 부른다. "엄디님, 혹시 엄디님을 다른 셀러들은 '엄MD님'이라고 부르나요?" "네."

재미있으라고 얘기해 준 것이지만, 다른 한편으로는 MD와 나만의 소통, 의사표현 등을 가지는 것도 좀 더 가까워질 수 있는 한 방법이라고 생각한다. 매일같이 딱딱하고 빡세고 힘든 일을 하는 MD

들에게 우리 셀러들은 가끔은 웃음도 주면서 여유를 찾을 수 있게 해주는 것도 좋을 것 같다.

MD도 사람이기에…. 우리는 그들과 가까워 져야 하기 때문에..

17 MD는 돌고 돈다

MD의 능력에 대해 다시 한 번 정리하자면,

1. 쿠폰을 지원하여 수수료를 내려 가격경쟁력 및 정산에 도움을 주며,
2. 자신의 판매채널의 주단위 또는 월단위의 큰 행사에 노출을 시켜주며,
3. 가끔은 카테고리에 소소한 추천 상품 코너에 노출을 해준다.

결국, 좋은 상품, 좋은 가격이라도 MD의 힘 작용에 따라 매출에 큰 영향을 끼친다는 것이다. 그런데, 만약 그 MD가 직장을 그만둔다면, 판매채널 회사의 사유에 의해서 MD가 바뀐다면, 이제 그 MD하고는 연락을 끊고 살아야 하는 걸까?

MD와 친숙해져야 한다.

이런 일은 판매채널에 따라 종종 생기는 일이다. 카테고리별로 매년 MD가 바뀌거

나, 혹은 2년 주기로 바뀌거나 한다. 아예 바뀌지 않는 경우도 있다.

이런 상황에서 탑셀러에게는 어떤 조건이 좋을까.

우선 년단위로 MD가 바뀐다면, 탑셀러는 기껏 공들여서 친분을 쌓은 MD를 떠나보내야 하고, 새로운 MD를 맞이하여 처음부터 다시 시작하는 기분으로 비즈니스를 해야 하게 되니, 시간 및 에너지 등의 소비가 생기는 단점이 있다.

하지만, 입장을 바꿔서 소소셀러한테는 좋은 기회가 될 수 있다. 물론, 기존에 담당하던 MD가 진행했던 탑셀러들의 데이터를 남겨두긴 하겠지만, 당신이 만약 소소셀러인데 혹시나 MD 교체의 시기가 온다면, 상황을 파악하여, 재빨리 새로운 MD의 마음을 끌어보는 것도 좋을 것이다. 또한, 이전 MD는 다른 카테고리를 가지만, 계속 친분을 유지한다면, 언제 어떻게 그에게 도움을 받을지 모르는 일이고, MD들 또한 서로 가깝기 때문에 당신에 대해서 좋은 이미지를 퍼뜨려 줄 수도 있다.

두 가지의 예를 들어보자.

첫 번째 스토리

필자가 판매하고 있는 카테고리의 MD와 친하여 그에게 많은 지원을 받은 적이 있다. 하지만, 회사의 규정대로 일년 후 그는 다른 카테고리로 옮기게 되었는데, 3년 후 그는 다시 나의 카테고리로 돌아오게 되었다. 이때는 정말 옛 첫사랑을 다시 만난 것처럼 반가웠으며, 그 또한 나의 매출에 많은 도움을 주었다.

한 통신사의 마켓에서 MD를 담당하고 있는 백MD(얼굴이 하얘서 만들어준 별명)는 고생이 많았다. 왜냐면, 그 통신사에서는 판매관련하여 마케팅 및 광고의 지원이 적어 필자가 아무리 좋은 상품, 가격으로 지원을 해준다 해도 판매가 부진하였다.

주문량이라곤 하루에 한두 건 정도가 전부였을 만큼.

필자의 입장에선 하루에 한두 건 때문에 발주를 받아 보내주고 입금, 정산, 세금계산서까지 신경 쓰기가 귀찮았지만, 인내심을 가지고 그의 주문을 모두 친절하게 받아주었다.

그리고 1년 뒤.

그는 그 계열사의 복지몰 담당이 되었으며, 내가 가지고 있는 상품을 모두 올려주었다. 다른 큰 판매채널만큼은 아니더라도, 주문은 꽤 꾸준히 나오고 있으며, 정산금액도 만족할 정도이다.

속지말자 프로젝트

18 온라인 판매 컨설턴트

주식 컨설턴트, 부동산 컨설턴트, 결혼정보 컨설턴트 등 이 시대에는 없는 직업이 없다. 하지만 온라인 판매 관련하여 컨설턴트가 있을까…?

물론 있긴 하다. 하지만 그 기준이 어떻게 되느냐에 따라 온라인 판매 컨설턴트인지, 홈페이지 또는 상품 이미지 디자이너인지 명확하지 않다.

자, 그럼 이 책을 통하여 애매한 것을 정해주는 애정녀가 되어 보겠다. 우리는 앞으로 온라인 판매 컨설턴트의 정의를 다음과 같이 정하자.

그는 또는 그녀는, 이전에 온라인 여러 판매채널을 통해서 탑셀러였음을 인정할 정도의 판매자이고, 그 외 상품 판매, 마케팅, 홍

보 등에 탁월한 능력을 가진 자를 일컫기로 하자.

온라인 판매를 시작하려면

강좌를 들으면 도움이 된다
비용이 들어갈 일에는 심사숙고하라
몸으로 직접 움직여 체득하라
개고생이 가장 빠른 지름길이다

여기서 중요한 점은 이전에 탑셀러로 꼭 활동한 적이 있어야 한다. 그렇지 않으면 그들의 컨설팅은 검증되지 않으므로 우린 그들을 돌팔이 컨설턴트로만 취급할 수밖에 없기 때문이다.

실제로 각 온라인 판매채널에선 초보셀러, 소소셀러들을 위해 강좌를 연다.

이제 막 사업을 시작하려면, 그 수업들을 듣는 것이 좋다. 다만, 염두에 두어야 할 것은 수업의 반은 온라인 판매 기초의 전반적인 내용을 다루지만, 나머지 반은 그 판매채널의 홍보와 셀러들에게 프리미엄 쿠폰 구입 및 광고를 하라고 하는 내용이라는 것.

결국은 판매를 하기 위해 돈 좀 쓰라는 내용이 있으니 항상 객관적인 입장에서 중심을 잡고 내가 필요한 내용만 콕 집어서 들을 수 있는 능력을 키우기 바라겠다.

그렇다고, 판매를 위해 쓰는 비용이 나쁘다는 것은 아니다. 때에

따라선 노출이 상위로 올라가기 때문에 도움이 되는 것들도 많으니 무엇이든 신중하게 생각하고 결정하는 것이 좋겠다.

교육을 듣다 보면 '아, 나도 저렇게 하면 금방 탑셀러가 되겠지?'라는 생각이 들기도 할 것이다. 하지만, 탑셀러가 되기 위해선 강사들에게 말로만 듣는 이론수업이 아닌 직접 행동으로 움직이는 개고생이 필수다. 개고생이야 말로 탑셀러가 될 수 있는 지름길이다.

왜 개고생을 해야 할까? 어떤 사업이건 자신의 영업스타일 또는 리더십을 이용하여 회사를 운영하지만 특히 온라인 판매는 오프라인처럼 노출되지 않아 더욱 어렵고 힘든 일이라고 볼 수 있다.

대기업이나 중소기업 같은 오프라인 사업은 대부분의 사업 진행 과정과 이익까지 공개되어 있으나, 온라인을 통한 판매는 원가부터 판매까지 셀러가 공개하지 않는 이상 어떻게 돌아가는지 알기가 어렵다.

경쟁상대가 누구인지 스스로 파악해야 하고, 그들이 어떻게 움직이는지도 역시 스스로 파악해야 한다. 본인이 직접 공부하고 트렌드를 읽지 않으면 그들을 따라잡을 수가 없다.

예를 하나 들어보자.

필자의 주 품목인 과일이 활황인 겨울이 왔다. 5kg도 팔아보고 10kg도 팔아보고…. 아, 날씨가 점점 추워질수록 경쟁이 심해진다. 그럼 어떻게 하면 경쟁력 있게 더 많이 판매할 수 있을까?

남들처럼 같은 조건으로 판매를 한다는 건 크게 경쟁력이 있는

가격이 아니면, 품질로 승부를 내야 하는데… 그것도 안 된다면 상품 구성을 다르게 해보자.

이전에 과일 한 박스에 사과 반, 배 반으로 구성해서 성공한 스토리처럼. 다른 경쟁자들이 하지 않는것. 그래 20kg으로 판매해 보는 거야!

MD에게 제안서를 보냈더니, 생각보다 긍정적으로 진행되었다.

하지만 벽이 생겼다. 택배사는 20kg으로 보내는 것을 싫어 한다 (대부분이 받아주지 않는다. 본인이 직접 택배사를 하지 않는 이상). 이유는 무겁기 때문이다. 택배사 기사님들이 힘들며 둘째는 무게가 있어 박스를 던지거나 떨어뜨리면 내용물에 손상이 생길 수도 있다.

그래도 필자는 20kg으로 팔아야겠다. 택배사와 협의한 후 물량을 많이 안 한다는 전제 하(협의할 때 약속하긴 했었음. 하지만… 상황에 따라서…ㅋ)에 20kg으로 판매를 진행하게 되었고 필자는 그를 이길 수 있었다.

이처럼 방법은 여러 가지다.

세상에 마음만 먹으면 안 되는 일이 없다.

뜻이 있는 곳에 길이 있으리라.

19 MD가 사업을?

MD는 한 온라인 판매채널에 소속되어 있으면 사업을 하면 안된다. 법이 있거나 약속되어 있는 것은 아니지만, 만약 그런 일이 발생한다면 모든 판매자에게 불공정해질 것이고, 온라인 세상은 어지럽고 시끄러워진다. 그리고 MD라고 해서 사업을 잘한다는 보장도 없다. MD의 자질은 사업가와는 사실 다른 부분이 많다고 생각한다.

이건 100%는 아니고 믿거나 말거나 이야기인데, 한 판매자는 오직 한 과일만 파는데 제철이 오면, 그가 그 과일을 매년 거의 30%이상의 판매를 할 정도로 한 온라인채널에서 정신없이 밀어 주는 경우가 있었다. 과거 10년 동안도 그랬고 올해도 그럴 것이고, 내년에도 후년에도 계속 그럴 것 같다. 아무리 상품이 좋고, 경쟁력이 있다하지만, 필자가 봐도 좀 심하지 않나 할 정도로 노출이 안 되는 곳이

없었다.

여기서 믿거나 말거나의 이야기는 그 판매자가 이전에 온라인 판매채널에서 MD를 했던 사람이라고 한다. 진짤까? 필자가 직접 확인하지 않은 이상 진실이라고 말하긴 어렵다.

그럼, 판매하기 이전에 MD를 먼저 해보는 것도 좋을까? 그러려면 MD의 자질이 필요하다.

안 그래도 이 부분이 너무너무 궁금해서 현재 필자가 알고 있는 인맥 중에 잘 나간다는 온라인 판매채널 MD 한명에게 MD의 자질에 대해 물어봤다.

1. 트렌드 파악
2. 원만한 대인관계와 화술
3. 인내심
4. 외모(네? 외모요..? 왜요? 신뢰와 호감이 가는 외모를 가져야 셀러들도 더 좋은 상품과 가격을 제안한다고)
5. 의리(행사를 진행함에 있어서 한 번씩 서로를 위해 주고받는 거래도 있다고)등이라고 한다.

만약, 당신이 위의 조건을 갖췄다면, MD도 해볼 만하다.

사실, 요즘은 MD아카데미가 증가하는 추세로 그만큼, 전문인력이 점점 더 필요한 시대라고 할 수 있다.

MD는 우리가 생각하는 온라인 판매채널뿐만 아니라, 복지몰, 폐쇄몰, 대형마트, 백화점 등에서도 많이 필요한 인력이다.

셀러는 MD의 역량을 측정할 수도 있어야 한다. 때로는 우리가 어떤 MD에게 줄을 서느냐에 따라 우리의 판매량이 달라질 수도 있기 때문이다.

click
05

MD에게 이기고자
한다면

20 MD 아카데미 1

"토맴, 저 온라인 판매하려는 분들 도와주는 강사될래요."

"음… 그럼 우선 경영학과 석사학위 받으시구요. 이왕이면, 최고 경영자(CEO)과정 수료하시고, MD아카데미 강의 들으시면 될 것 같아요."

"네?"

헐… 내가 안 하고 말지.

사실 이 대화를 통해 MD를 양성하는 학원이 있다는 것을 처음 알았다. 그래서 MD아카데미를 방문하여 보고 수업도 들으면서, MD라는 직업이 그렇게 많은 기업들이 찾는 포지션인지 그제서야 알게 되었다. 학원은 생각보다 수업이 체계적으로 되어 있어서 보통 4년제 대학보다 더 도움이 될 것 같은 느낌이었다. 특히, 경영학

과 쪽이라면 더 도움이 될 것 같았다. 사회에 나와서 직장에서 꼭 필요한 내용들을 다루는 것도 좋은 커리큘럼이었다.

하지만, 수강료가 꽤 비쌌다. MD학원에서 다루는 범위는 그저 온라인 판매채널뿐만 아니라 여러 방면으로 나뉘어 있었으며, 온라인 판매채널은 30~40% 정도에 불과한 것 같았다.

강사들은 국내에서 내로라하는 대학교와 대기업의 이력들을 가지고 있었다. 그만큼, 온라인 판매 시장은 날로 갈수록 확대되는 것에 비하여, 그 사업이 온라인인 만큼 비밀스러우며, 아직도 밝혀지지 않은 사실들이 많이 있다는 것이다. 그래서 필자가 이 책을 쓰게 된 것이다.

온라인에서 판매한다는 것은 자신과의 싸움이다. 어디에도 답이 없으며 아무도 알려주지 않는다. 또한, 그만큼 재미있는 사업이다.^^

21 MD 아카데미 2

한 MD 아카데미에서 진행한, 현직 MD와의 미팅에 참석하였다. 정말이지 필자는 별걸 다 하는 것 같다. 판매하는 것도 정신없고, 이것저것 챙기느라 바쁜 와중에도, 현직 MD와 미팅을 할 수 있는 기회라고 하여 바쁜데도 불구하고 구지 참석하는 필자.

사실 그런 행사는 현재 MD를 준비하는 학생들이 MD에 관련하여 궁금했던 부분을 해소해 주려는 목적인데 말이다. 정말 참석자들은 프레시한 젊은 청춘의 남녀들이 모여 있었다.

근데… 필자는 왜 참석했을까. 시간이 남아돌아서? 젊은 친구들과 오랜만에 섞여보고 싶어서? 물론 아니다.

현재 필자가 상대하고 있는 MD에 대해 좀 더 자세하게 알 수 있는 기회가 되지 않을까 싶어서…, 혹시 필자도 이후에 MD가 될 수

있을지도 모른다는 상상에…, 필자가 알고 있는 MD들의 역할을 제대로 파악하고 있는지 등등이 궁금해서 참석했다.

나를 알고 적을 알아야 이길 수 있다는 신념.

"자, 현직 MD님들과 미팅을 시작하겠습니다. 우선, MD님들은 각자 자신이 속한 회사와 하는 일을 말씀해 주시기 바랍니다."

우와!! 필자가 알고 MD라면, 온라인 판매채널에서 카테고리 하나를 맡아, 매일같이 판매자와 미팅하고 전화하고 밤샘작업을 하여 캐주얼 스타일을 추구하긴 하지만, 항상 피곤해 보이는 그런 바쁜 MD만을 생각했는데 그런 MD는 찾아볼 수 없었다.

즉, 필자가 같이 일하는 분야의 MD가 아니라, 전혀 다른 신사의 품격이 좔좔 흐르는 MD들이었다.

(아… 또 이 책 읽으시는 제가 아는 MD분들이 삐질 수도있을 거 같습니다. 저랑 친하신 MD들 나름 개성 있고 멋있습니다. 제발 삐지지 말아주세요. 그들은 넥타이를 매고 정장을 입어서 그렇게 보이는 것뿐입니다.)

휴….

그들도 판매채널이긴 하지만, 오픈마켓이나 소셜 등의 채널이 아닌, 한 회사에 소속되어 그 회사의 아이템만을 취급하거나 제조사 같은 원리로 일하는 것이다. 또는 온라인 판매채널처럼 상품 거래를 하지만, 온라인상 거래가 아닌 오프라인에서 활동을 하고 있는 일이었다.

예를 들자면, 대형마트 같은 경우다.

이처럼 MD의 분야는 넓고, 앞으로 계속 늘어나는 추세의 직업군의 하나이다.

경영팀, 마케팅팀과 MD와의 다른 점은, 전자는 회사의 기본적인 시뮬레이션과 영업방침 및 회사위주의 전략으로 진행된다면, 후자인 MD는 그 MD 하나의 인맥과 정보 및 역량에 따라 회사의 매출이 좌지우지되는, 어떻게 보면 보다 더 중요한 위치의 직업이라고 할 수 있을 것 같다.

소셜이 단기간에 성공했던 이유는 모든 MD 한 명 한 명이 노력하여 일구어진 결과물이라고 하겠다.

사람을 좋아하고, 하는 일에 대해 단기간에 성과를 확인하고 싶고, 무한한 도전을 원한다면, MD라는 직업을 추천하겠다.

특히, MD는 자신이 일하면서 형성한 네트워크는 그 MD만의 큰 자산으로 향후 개인 사업에도 큰 도움이 되는 그런 직업이니 MD 아카데미와 상의해 볼 것.^^

22 MD 아카데미 3

　MD 직업 관련하여 한 가지 더 추가해 보겠다. 앞에 언급했다시 피 MD 영역의 범위는 꽤 크다. 그중에서도 글로벌한 MD도 있다는 사실. 국내에서만 활동하는 것이 아닌 세계적으로 뻗어나갈수 있는 기회가 주어지는 MD도 있다.

　필자는 그를 글로벌 MD라고 부르겠다. 글로벌 MD가 되려면 조건은 다음과 같다.(MD 아카데미에서 들은 내용을 기본으로)

1. 어학 (무역영어, 중국어, 일본어 등)
2. 지속적 연구개발 (트렌드에 민감하며 공부를 해야 함)
3. 인맥관리 (관리를 위해 시간과 노력을 투자해야 하며, 항상 겸손한 자세 필요)

4. 창의력 (같은 상품에도 차별화를 두어 경쟁력 있는 상품으로 변신)
5. 끼 (자신만의 특기와 개성 필요)
6. 성실성, 조직적응력

위 리스트에서 성실성과 조직적응력이 마지막이다. 그렇다고 이 항목이 다른 항목에 비해 덜 중요하다든가 그런 건 아니지만, 보통 회사는 이 항목을 우선시하되, MD라는 직업은 회사의 매출과 직접적인 연관이 있기 때문에 아무래도 자신의 능력을 좀 더 중요시하는 것으로 보인다.

실제로 한 화장품회사 MD와 미팅을 했었는데 그녀는 현재 한국에서 수입하지 않은 인지도가 없는 해외 브랜드를 한국에 론칭하여 매출과 마진이 많아 회사에서 인정받은 적이 있었다고 한다.

하지만, 만약 한국에 론칭한 외국 브랜드의 화장품이 판매가 되지 않는다면, 상황은 위험해질 수 있다.

이처럼, MD라는 직업은 현재 트렌드를 잘 읽고, 위험할 수 있는 과감한 결정을 하는 스릴 넘치는 일을 하는 것 같다.

23 온라인판매

테스트를 하기 전에 꼭 해봐야 할 것이 있다. 상품을 팔아 보기 전에 많이 사봐야 한다는 것이다.

예를 들어 특정 오픈마켓에서 상품을 구매하면서 그 오픈마켓에서 진행하는 이벤트나 제공하는 할인 쿠폰 등을 사용해 봐야 내가 판매할 때 벤치마킹을 하여 판매촉진에 도움이 될 수 있다.

또한, 내가 구매하고 싶은 상품을 온라인을 통해 최저가를 검색해 봐야 하며, 어떤 경로를 통해서 구매를 해야 더욱 저렴하며, 얼마나 할인을 받는지, 포인트 적립은 얼마나 되는지 여부 등을 확인해 봐야 한다.

그후, 배송되는 과정을 체크하며, 내가 온라인으로 본 상품 이미지와 직접 받아본 상품과의 차이도 구별할 줄 알아야 하며, 상품 또

는 배송에 문제가 있는경우, 판매자에게 클레임을 요청했을 때 어떻게 처리하는지 등의 프로세스를 배우고 느껴야 한다.

그저 생각없이 판매에만 열중하기 보다는 앞 내용에서 MD의 입장을 생각하고 비즈니스를 진행하는 것처럼, 판매자도 구매자의 입장을 충분히 고려할 수 있는 능력을 키워야 백전백승이 될 수 있는 것이다.

위의 준비가 됐다면, 당신은 온라인 판매 사업을 진행해도 되는지 정신 똑바로 차리고 다시 한 번 생각해 보자.

1. 내가 모르는 사람에게 먼저 다가갈 수 있는 '진상 적극성'을 가지고 있는가?
2. 매달 들쑥날쑥한 수익에 적응할 수 있을 정도의 '입술 깨문 인내심'을 가지고 있는가?
3. 사업을 시작해서 열심히 했지만, 결국 사업이 실패로 돌아간다면, 그 모든 것을 감당할 수 있는 '강심장'을 가지고 있는가?
4. 고객 중에 말도 안 되는 이유로 당신에게 입에 담을 수 없는 말과 모욕을 준다면 당신은 그때에도 '웃으면서 대답'해줄 수 있는가?
5. 한밤중에 MD에게 전화가 오면 바로 컴을 키고 상세 이미지와 가격들을 변경하며, 판매 상품 세팅을 바로바로 할 수 있는 '슈퍼맨의 능력'을 가지고 있는가?

이외에도 많은 능력이 필요할 정도로 멀티플레이어가 되어야 하겠지만, 만약, 위 5가지 중 한 가지라도 부족하다면, 당신은 온라인

사업을 접든가, 아니면 이 책을 끝까지 읽고 그 능력을 길러야 한다. 죽기 살기로 열심히 하면 안 되는 것이 없다.

온라인판매적성테스트2 - 복습

① 진상 적극성
② 입술 깨문 인내심
③ 모든 것을 감당할 강심장
④ 모욕 앞에서 웃으면서 대답하기
⑤ 슈퍼맨의 능력

24 MD의 유혹에 넘어가지 마라!

따르릉~~~.

"여보세요."

"안녕하세요. 저는 XX 온라인 판매 채널 커피 담당 XXMD입니다."

'와! 무슨 일이지? 행사만 걸면 대박이 터지는 저 판매채널의 커피 담당자가 왜 나한테 전화를 걸었지?'

"현재 XX커피 9,900원, 무배(무료배송)로 파시는데 8,500원에 주세요."

켁.

지금 9,900원에 파는 것도 억지로 만든 가격으로 팔고 있는데, 한 건 당 1,400원을 손해보면서 판매하라는 것이다.

어떻게… MD는 그렇게 당당하게 요구할 수 있을까. 아무래도 워낙 잘나가는 채널이라 그 힘이 어깨에 들어간 모양이다. 생각해 보고 연락을 준다고 했다.

안 된다고 첫 통화에 다짜고짜 거절할 수는 없는 노릇이다.

좋은 게 좋은 거고…. 또 앞으로 어떤 일이 일어날지 모르기 때문에….

다시 생각해 보자.

한 건 당 1,400원 마이너스….

MD의 제안에 OK하기 앞서 정확한 이익을 계산해야 한다.

그걸 대신하려면 결국 한 사람이 두 박스 이상 구매하기를 기대해야 한다. 두 박스 이상을 사면 택배비용 하나가 절감되기 때문이다. 그럼 두 박스 이상 사는 사람이 얼마나 될 것인지 가늠해야 한다.

어렵다.

현재 커피를 많이 판매하고 있는 판매자 상품에 들어가서 구매후기를 확인한다 해도 그 글을 남긴 구매자들이 몇 박스를 시켰는지는 알 수 없기 때문이다. 하지만, 커피 외에 다른 상품들을 진행해봤을 때 10명 중 1명~2명 정도가 두 박스 이상을 구매한다고 생각하면 거의 맞아 떨어지곤 했다.

계산해보니 그리 좋은 제안은 아니다. 그 커피가 아무리 뒤로 받아서 싼 원가로 받았다고 해도…. 우리가 제조사로 받는 원가는 거의 최저가라고 해도 과언이 아니었음에도 불구하고 우리가 못하는데 다른 판매자라고 할 수 있는 상황이 안 되는 걸 알기 때문에 상

황을 잘 설명하고 제안은 거절하였다.

그런데 이틀 후, 우리의 경쟁자가 그 상품을 8,500원에 판매하고 있었다. 그것은 바로 그 MD와 연락이 닿아 그가 원하는 대로 가격을 맞춰 주었다는 것이다.

그 다음날부터는 판매량이 많아 순위 5위 안에서 왔다갔다 할 정도였지만, 지켜보는 같은 판매자로서는 좀 안됐다는 생각이 들었다.

물론 구매자들은 싸게 사서 좋고, MD는 자기 매출 올려서 좋지만, 판매자만 울며 겨자 먹기 식이 되어 버린 것이다.

온라인 판매를 하면서 항상 느끼는 것이지만 모든 기준이 판매자의 입장은 하나도 고려되지 않는다는 것이다.

억울하다.

하지만 한국이라는 사회가 점점 온라인을 통한 매매가 많아지면서 보이지 않는 판매, 구매에 대한 에티켓이 많이 부족한 건 사실이다.

자, 여기서 하나, 특허냅니다.

온라인을 통한 판매자의 에티켓을 - '판티켓'
온라인을 통한 구매자의 에티켓을 - '구티켓'이라고 부릅시다. ^^

25 MD와 엮이지 말아라!

이건 또 무슨 청천날벼락 같은 소린인가? 방금까지만 하더라도 어떻게든 MD와 친분을 쌓아 판매 도움을 받으라고 해놓고 갑자기 그들과 엮이지 말라고?

인생이 참 그렇다. 넘치면 부족한 것보다 못하니.

이 내용은 탑셀러나 신규판매자나 상품가격을 무너뜨리지 않기 위한 자들이 택하는 길이다.

필자가 2년 전 생수를 전문으로 판매를 할 때 한 생수제조사는 실제로 필자에게 MD와 엮이지 말라고 경고를 하였다.

이유는, 만약 엮이게 되면, 현재 시장에 정해져 있는 판매가격이 무너질 수도 있기 때문이다. MD 입장에서는 수수료를 조금더 내려줘서라도 싸게 팔아 매출을 올리고 싶고, 판매자 입장에서는 정

산이 조금 덜 되더라도 판매를 늘리고 싶기 때문이다. 하지만, 제조사에서 압박이 오면 몰래 할 수밖에 없다.

행사 잡는 것보다
취소하는 게 더 어렵다

몰래 했었어야 했는데 초반에는 MD가 요청하는 날에 행사를 잡아주면, 그저 감사하게 진행해야 하는데 평일에 떡하니 행사를 하면 제조사에서 압박이 들어올 수밖에 없다.

정말 황당한 일을 겪었던 게 생각난다. 위험을 무릅쓰고 평일에 행사를 했는데, 경쟁자인 탑셀러가 나의 행사 상품을 제조사에 신고를 한 것이다. 주말에 올라가는 행사로 금요일 아침에 시작되었는데, 결국 금요일 오후 5시 정도에 행사를 취소하였다.

사실 행사를 넣는 것보다 취소하는 게 더욱 어려운 일이다. 판매 채널은 행사일정을 보통 일주일 이전에 잡으며(아주 급한 행사가 아닌 이상) 미리 이미지부터 가격까지 세팅을 모두 해놓게 되어 행사 당일에는 변경하기가 어렵고, 게다가 어렵게 넣은 행사를 MD에게 전화하여 다시 내려달라고 하는 것은 직접적으로 신뢰를 깨는 일이다.

더 황당한 것은 대충 짐작이 가는 내 상품을 신고한 그 경쟁 탑셀러가 금요일 저녁 6시부터 행사를 시작했다는 것이다. 그땐 이미 제조사는 퇴근을 하여 연락이 되지 않았으며, 필자는 그저 뒤통수 맞은 꼴이 되어버렸다.

이런 경우는 정말 힘이 부치게 된다. 그동안 행사에 넣으려고 MD에게 노력한 시간과 행사에 나갈 예상 물량만큼 준비한 자금과 MD와의 신뢰까지 깨져버려 막대한 피해가 생기게 되는 것이다.

다시 내용으로 돌아와 이처럼 탑셀러가 되면 그들이 판매하는 상품의 제조사와 더욱 끈끈한 관계를 맺게 된다. 탑셀러가 행사 한 번 시작하면 정신없이 물량을 대줘야 하기 때문에 행사 전에 서로의 커뮤니케이션도 중요하다. 때로는, 반대로 탑셀러가 제조사에게 매입가를 흥정할 때도 있다.

그만큼 제조원은 자기 상품을 많이 팔아주고, 온라인에 노출이 많이 되면 간접적으로 상품을 광고할 수 있기 때문이기도 하다.

예를 들면, B급 생수를 많이 판매하고 있는 업체가 있다. 거의 독점적으로 싸게 판매를 하고 있어 어느 업체도 그 생수를 팔 수 있는 여건이 안 된다. 그래서 MD 완소 상품.

행사할 상품 없으면 그 생수로 올리면 돼서 그만큼 판매자의 파워도 크다. 워낙 행사에 자주 오르는 상품이라 B급 생수임에도 불구하고 워낙 온라인에서 많이 판매하고 있기 때문에 온라인에서 웬만큼 구매한다는 구매자들은 이 생수를 모르는 이가 거의 없을 것이다.

그래서 TV나 매체를 통해서 광고를 할 필요도 없고, 생수 제조사는 판매자에게 오히려 감사해야 하는 1등 공신이 되는 특이한 구조가 되어버렸다.

하지만 여기에는 재미있는 스토리가 있다. 그 생수 제조원이 필자를 찾아 온 것이다. 필자가 생수만 전문적으로 판매하고 있을 때에는, 택배사 창고 안쪽, 겨울엔 난방도 안 되는 모퉁이 구석에 컴퓨터 두 대 딸랑 놓고 고생하던 시절이었다.

하루는 고객 전화 응대를 하고 있는데, 한 명이 저 멀리서 양쪽에 그 생수 6통짜리를 들고 헥헥거리며 필자에게 다가왔다.

"혹시 ○○ 몰 ○○○ 사장님 아니세요? 아, 창고가 워낙 커서 얼마나 찾기 힘들었는지 모릅니다."

저쪽 멀리서부터 그 담당자보다는 생수가 먼저 보였기 때문에, 그가 필자에게 무슨 말을 하려고 누추한 곳까지 찾아왔는지 한번에 감이 왔었다. 그래서 필자는 보자마자 친절하게 응대해 주었다.

"제가 여기까지 찾아온 이유는 현재 ○○ 몰이 생수 판매 1위고 그만큼 택배비서부터 모든 부분이 경쟁력이 있다고 본사에서 판단하여, 저희 생수를 많이 좀 팔아달라고 요청 드리러 온 것입니다."

어떻게 됐든, 제조사들이 필자를, 우리 회사를 온라인 판매의 탑 셀러라는 것을 인정해 준다는 것에 행복했고, 그동안의 노력이 헛되지 않았다는 보람을 느꼈다.

참 재미있는 일이다.

온라인 판매를 하면서 '생수'라는 단어를 치면, 필자의 상품이 1위에 올라간 것을 보면, 나름 흐뭇하기도 하다. 그러나 그런 상황이 반복되다보면 나중엔 그다지 크게 와 닿지 않을 수도 있다.

하지만, 온라인을 통해 구매하는 입장이나 판매하는 입장이나 순위가 상위권에 있다는 건 무언의 위력이었다.

오프라인은 잘 팔리면 지나가는 사람이나 매체를 통해서 확인이 되지만, 온라인에서는 누가 판매자인지, 상품은 어디서 유통되어 구매자에게까지 배송이 되는지 등의 정보를 확실하게 알 수 없다.

그럼에도 불구하고 어마어마한 유통이 이루어지고 있다는 것이 신기하다. 그리고 단지 상세이미지만으로 구매가 일어나는 것도 재미있는 일이다.

그 누구도 필자한테 와서 '탑셀러 사장님이시죠?'라고 말해주거나 알아주는 이 없이 그저 제조사나 경쟁자, MD들만이 알아주는 탑셀러지만 필자 나름대로의 사업방식으로 진행하는데 그 방식이 먹힌다는 것이 더욱 재미있다.

다시 말하자면, 경영자마다의 사업방식이 있을 것이며, 그 방식이 옳을 수도, 틀릴 수도 있지만, 옳다는 전제 하에 사업이 성공한다면, 그 어떤 사업보다도 거기서 느끼는 행복과 충만감은 더 크고 깊다고 할 것이다.

다시 B급 생수 담당자와의 상황을 이야기하자.

그는 필자에게 조건을 제시했다. 딱 한 가지. 판매 채널 중에서 잘 나가는 한 곳만을 제외하고 판매할 수 있단다. 이 부분에선 나에게도 두 가지의 어려운 점이 있었다.

1. 내가 지금 어떤 라인에 서있는지. 그 라인이 바로 제외하라는 그 판매 채널이었다.
2. 현재 그 생수를 잘 팔고 있는 판매자는 우리 영역에서 거대한 존재로 그들과 경쟁하기는 사실 두려웠다. 그들은 많이 판매하기 위하여 판매가를 말도 안 되게 매겨서 자신의 이익은 생각하지도 않는 느낌이 들 정도였다.

두 번째 이유야 어쩔 수 없다 하지만, 첫 번째의 조건은 이미 그 채널에서 거대한 존재가 판매를 하고 있기 때문에 그 외 채널에서만 판매할 수 있다는 조건을 단 것이다.

아, 이 제조사는 여기저기 유통하여 생수 가격을 흐리는 것이 아니라, 각 판매채널에 탑셀러를 지정하여 경쟁되지 않게 판매하도록 하는 방침이었던 것이다.

사실, 온라인 판매를 하면서, 이런 내용이 있을 것이라고는 상상도 못했다. 다른 판매자가 알기 힘든 그런 내용들을 알아가는게 너무 재미있었다.

위 조건도 사실 감당하기가 힘들었지만, 더욱 어려운 부분은 우리에게 공급하는 가격과, 택배비, 인건비, 창고비, 기본 발주수량을 감안하면, 세금계산서를 조작하지 않는 이상 힘든 장사를 시작하게 되는 것이 눈에 뻔히 보였다.

'아, 저 상품, 판매는 하고 싶은데…. 나를 제외한 판매채널을 빼고 나머지 채널에서는 독점권을 얻을 수 있는데…. 그렇게 되면 판매도 많이 되고 우리 회사 이름이 더욱 클 수 있는 기회가 될텐데…….'

하지만, 과감히 제안을 거절하였다. 그래서 그 생수는 현재 판매하고 있는 그 위대하고 무서운 판매자가 모든 채널에서 독점적으로 판매를 하고 있다. 어떻게 그런 가격이 나오는지…, 대단한 판매자이다.

여기서 한 가지!

그럼 왜 그 제조사는 필자에게 찾아왔을까? 어차피, 가만히 있어도 그 위대하고 무서운 판매자가 잘 팔아주고 있는데 말이다.

궁금하다. 참을 수 없다. 그래서 그 담당자에게 살짝쿵 사유를 물어봤다.

이유는 현재 판매자에 제조사가 휘둘린다는 것이다.

생수를 많이 팔아줘서 고맙고 인지도도 올려줘서 감사하긴 하지만 생수 공급가를 행사할 때마다 낮은 단가를 요구하며 정산 또한 명확하지 않는 등 어려움이 있다는 것이었다.

그 위대하고 무서운 판매자와의 비즈니스가 많이 힘들다는 것이었다.

그 이후로 그 생수가 행사를 진행하는 것을 보게 되면 판매자의 입장으로써 제조사가 불쌍하다는 생각이 들곤 한다.

와! 이런 경우도 있을 수 있구나. 역시 세상은 살아봐야 더 많은 것을 알 수 있다는 것을 새삼 느낀다.

제조사가 잘나가는 셀러를 거부할 때
셀러가 단가를 마음대로 조정하려 할 때
셀러의 정산이 명확하지 않을 때
셀러의 의도대로만 요구할 때

click
06

온라인판매사업
tip모음 1

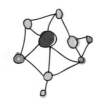

26 판매채널의 통합

국내에는 한 회사 아래 두 개의 오픈마켓 판매채널이 경쟁을 하고 있다.

원래는 다른 회사였지만, 통합되었다. 게다가 1, 2위를 다투는 회사라 참 아이러니하다.

2012년부터는 구매자들이 이 두 개의 채널을 넘나들면서 포인트도 같이 적립할 수 있고, 여기서 본 상품, 저기 가서 볼 수 있게 연동도 되어 구매자들은 더욱 경쟁력 있는 상품을 검색할 수 있고, 구매에 있어 많은 장점을 가지게 되었다. 하지만 날고뛴다는 두 판매채널이 합병이 되어, 판매자에게는 어떤 영향이 올까?

판매자의 입장에서 통합이 되었을 때 정말이지 멘붕(멘탈붕괴)이었다. 필자는 두 군데 모두 잘 팔고 싶었는데.

두 군데를 넘나드는 구매자들은 이미 움직이기 시작한 것이다.

1. 같은 카테고리의 MD가 각각 회사마다 있는데, 어떤 카테고리의 MD
는 경쟁이지만, 서로 친해 정보를 교환하기도 하고, 또 어떤 카테고리
는 앙숙일 정도로 서로 연락도 하지 않는다. 같은 회사 소속인 판매채
널로 한 건물, 같은 층에서 근무하는 관계로 어쩔 수 없이 마주치곤 할
텐데 참 곤란하겠다는 생각도 든다.ㅋ

판매자의 입장에선 둘이 앙숙이었으면 참 좋겠다. 그러면, 상품
제안가를 다르게 하여 수수료나 쿠폰 등을 제안 받아 상황에 따라
정산금액이 달라질 수 있는데 말이다. 하지만, 그렇지 않다면, 그
둘은 판매자의 모든 제안 가격 및 상품을 공유할 것이며, 판매자의
입장에선 이러지도 저러지도 못한, 판매상품 제안가가 그 둘의 판
매채널에 노출이 되어버리는 것이다.

2. MD들은 자신의 카테고리에 있는 상품들의 판매추이를 알 수 있는 프
로그램이 있을 것이다. 가끔 통화해 보면 현재 내 상품이 몇개나 팔렸
는지 등의 자세한 내용을 오히려 나보다 더 잘 알고 있기 때문이다. 여
기까진 괜찮다. 당연히 MD들은 알고 있어야 하는 부분이니까. 하지
만, 두 회사의 MD가 서로의 판매량까지 확인이 가능하다면 어떻게 될
까? 이게 현실이 되었다. 두 MD는 서로의 판매량을 확인할 수 있게
되어, 판매자의 영업방식 및 비결 등이 모두 공개되는 상황이다.

좋은 점이 있다면, 한 채널에서 판매가 많이 되면, 다른 채널의
MD에게 판매 요청이 들어오는 경우가 있지만, 그런 경우는 그렇

게 많지 않으며, 반대로 잘 안 팔리는 상품을 제안할 수 없다는 것이다.

힘…

들…

다….

앞으로 더 어떻게 진행될지는 그 회사 경영진 의사에 달려있겠지만 필자의 정보에 의하면, 더 적극적인 통합이 될 것이라는 거다. 그렇다면, 우리 판매자들도 그에 대한 방안을 마련하여, 점점 경쟁이 치열해지는 이 온라인 판매에 준비를 해야 하겠다.

만약, 그 회사의 경영진이 필자의 책을 읽는다면, 판매 매출에 만 신경 쓸 것이 아니라, 앞으로 사업계획에 관련하여 판매자들과 공유를 하고 우리에게 더욱 신경을 써준다면 서로 윈-윈(Win-Win) 할 수 있지 않을까 생각이 든다.

27 이미지 도용 / 식약청 신고

5년 이상 온라인 판매를 하면서, 상품 상세페이지 제작 관련하여 크게 신경 쓰지 않았다. 같은 상품을 검색하여 여기저기에서 정보를 얻어 비슷한 콘셉트로 제작해 본 적도 있다.

가끔 다른 판매자의 이미지를 도용했다고 화제가 되는 경우가 있다. 만약, 상대 판매자의 이미지를 도용했다고 신고가 들어오더라도, 바로 상품이 삭제되지는 않는다. 그 판매채널의 이미지도용 담당자에게 신고가 들어가면, 담당자는 이미지를 도용한 판매자에게 수정을 할 수 있도록 1~2일간의 여유를 준다. 다행이다. 하지만, 판매채널이 아닌 개인의 홈페이지나 개별로 움직이는 경우에는 사이버신고가 가능하니 이 부분에선 조심하긴 바란다. 여기서 중요한 부분은, 만약, 현재 판매하고 있는 상품페이지(상품판매번호 생성)가

이미지 도용 건으로 판매를 더 이상 할 수 없다면, 물론 상품페이지를 다시 만들면 되겠지만, 그에 따른 피해가 커진다.

보통 상품의 단골구매자들은 상품 이름보다는 상품판매번호를 저장하여, 검색 등 다른 절차나 클릭 없이 바로바로 필요할 때 마다 재구매를 하게 된다. 그런데 그 상품페이지가 없어졌다면, 단골구매자들은 다시 검색하여 다른 판매자한테 구매를 하게 될 가능성이 커진다.

그리고 기존 상품페이지는 판매량이 누적되어 노출이 앞쪽이나 위쪽에서 되는데 새로운 상품페이지를 만들면 다시 처음부터 판매를 시작하는 마음으로 임해야 한다.

물론, 탑셀러들은 상품페이지를 새로 만들더라도, 단기간에 상위권으로 오를 수 있는 방법을 알고 있기 때문에 그리 어려운 일은 아니지만, 소소셀러에게는 큰 타격일 수 있다.

그럼, 새로운 상품페이지를 단기간에 상위권으로 오르게 할 수 있는 방법을 알고 싶으신가요…?^^

각 탑셀러마다 방법이 여러 가지 있겠지만, 일반적인 경우를 소개하고자 한다.

1. 탑셀러는 기존에 워낙 노출이 많이 되어 있어서 구매자들은 목록이미지의 사진만 보더라도 알 수 있는 경우가 있다.
2. MD에게 상황을 설명하여 새로 나온 상품 코드로 행사(프로모션)를 진행하면, 단시간에 판매량이 축적된다.

3. 각 카테고리의 키워드 등의 광고를 한다.

4.각 판매채널에서 상품을 등록할 때, 프리미엄 등의 쿠폰을 구매한다.

탑셀러가 되는 과정도 어렵지만, 탑셀러가 되면 그만큼의 프리미엄이 있으니 판매가 더욱 즐거워질 것이다.[12]

이미지 도용 외에 허위내용을 적어 그 부분이 식약청으로 신고가 들어간다면, 바로 판매자의 지역 시청으로 전달되어 벌금 또는 판매정지까지 되는 위험한 사항을 당할 수 있다.

시청 직원의 얘기로는 식약청에서 온라인 판매 관련하여 허위광고를 하는지 여부에 대해서만, 모니터링을 하는 담당부서가 따로 있다고 한다. 그렇다면, 탑셀러들의 상품은 판매가 많은 만큼 노출도 많기 때문에 식약청 직원이 그들의 상품페이지를 확인할 수 있는 노출 위험이 크다.

위 건에 관련해서는 탑셀러들은 시청에서 제재를 여러 번 경험했을 것이다. 탑셀러의 의지가 아닌 그들이 생각하지 못했던 부분이 문제가 되기도 하기 때문이다.

건강식품 판매에 있어 효능, 효과를 넣는 것은 문제가 되지 않지만, 그 외 일반상품에 효능, 효과의 내용을 넣는다면 바로 걸리는 것이다.

---

12) 건강식품 판매에 있어 효능, 효과를 넣는 것은 문제가 되지 않지만, 그 외 일반상품에 효능, 효과의 내용을 넣는다면 바로 제재당한다. 예를 들어, 특정 과일에는 비타민C가 함유되어 피부에 좋으며….

예를 들어, 특정 과일을 판매하고 있다면, 상세페이지에 ○○ 과일에는 비타민C가 함유되어 피부에 좋으며….

땡!땡!

이런 내용도 안 된다는 것이다.

하지만, 너무 걱정은 말자. 위 이미지 도용처럼 판매채널에서 경고가 온다면 바로 수정하면 별 문제없이 판매가 가능하다.

하지만, 식약청에서 확인이 된 것이라면 판매자 해당지역 시청 담당자가 판매자의 영업장으로 직접 방문한다. 그들은 해당 내용을 설명해 주고, 판매자의 사업자등록증부터 신분증 등 필요한 서류를 수거해가며, 해당 상품의 매출 및 회사 전체 매출까지 자세한 내용을 요구한다. 이때, 요구하는 내용에 대해서는 융통성있게 작성해야 한다. 잘난 척 한다고 매출을 일부러 올려서 적거나 하면 안 된다. 그럴 사람이야 없겠지만…. ^^

필자가 판매하고 있는 사업장에 실제로 시청에서 담당직원이 방문하여 한 달 영업정지를 통보하러 온 적이 있다(해당 상품 판매는 2년 전 한 달 동안 매출 2만원이었던).

정말 생각지도 못한 부분을 꼬집어서 말도 안 되는 상황이 벌어진 것이다. 그때 당시는, 그들이 너무 밉고 화가 났지만, 객관적으로 봤을 때는, 그들 또한 식약청의 요청으로 나온 직원들이지 영업을 방해하러 온 사람들은 아니라는 걸 대화 20분 만에 알게 되었다.

필자가 이 사람들과 실랑이를 벌여봤자 도움은커녕 서로 기분만 상하게 되는 것이라는 것도 알게 되었다. 우선 그들에게 차 한잔씩

건네주었다. 그들은 갑작스런 나의 행동과 셀러에게 환대받는 경우가 처음인 것인 양 놀란 눈이었다.

한 스님의 말씀이 생각이 났다.

'내가 잘못 오해를 받아 고문을 당할 때,
나를 고문하는 자들이 너무 미웠지만,
잠시 쉬는 동안 그들의 대화를 들어보니,
그들은 한 가정의 가장이었고,
그 가정을 지키기 위한 하나의 수단 및 직업이었다.'

차 한 잔으로 그들과 나는 같은 동지가 되었으며, 그들은 해당 사건에 대해 어떻게 하면 벌금이 나오는 영업정지에 대한 명령을 부담이 덜한 것으로 바꿀 수 있는지에 대해 살짝 팁을 주었다.

필자는 필자 자신이 짧은 시간에 정신을 차리고 그들에게 먼저 대접을 한 것이 대견했지만, 여기서 끝나는 것이 아니라, 앞으로 사업 스타일에서도 항상 먼저 상대를 대접해 주는 경영자가 되어야겠다고 마음먹었다.

그 이후 비슷한 사건이 있었다. 필자가 가지고 있는 상품을 오프라인으로 구매하는 파트너가 있었는데, 온라인 판매에서 MD와 행사를 잡은 끝에, 그 파트너에게 주는 공급가보다 더 싸게 판매를 진행하는 경우가 생겼다.

그는 화가 나서 영업장으로 찾아와 불만을 토로하였다. 그에게 상

황을 솔직하고 자세하게 설명하였지만, 온라인 판매 경험이 없는 그는 나를 이해해 주지 않았다. 물론, 내가 그에게 온갖 시간과 노력을 투자해 가면 온라인 판매 생리에 대해 그렇게까지 설명해 줄 필요가 지야 있을까 했지만, 서로 기분이 상하는 비즈니스를 진행하면 안 된다는 생각에 그를 3시간의 토론으로 결국 납득시키게 되었다.

하지만, 필자도 인간인지라 그 과정에서 이해 못해주는 상대방에 대한 짜증도 많이 났으며, 입에 담을 수 없는 험담까지 들어야 해 많이 힘들었다.

그럼에도 불구하고 화를 꾹 참고 그에게 짜장면 한 그릇을 시켜 주었다.

"사장님, 우리 먹으면서 얘기하죠."

내가 먼저 손을 내밀어야 한다. 내가 마음을 열어야 상대방의 마음도 열린다.

이정도면… 하산해도 될까요. 스님?^^

이 내용을 읽고 어떤 분은 오프라인 구매자에게 온라인 판매가격보다 더 싸게 공급해 주어야 하는 건 아니냐고 반박하겠지만, 사실 그 행사상품은 내가 파는 판매가보다 판매채널에서 정산해 주는 정산가가 더 높았다.

이처럼, 사업의 길은 도 닦는 마음가짐을 가져야 하는 외롭고 도 힘든 길이다.

> 먼저 마음의 문을 열면,
> 상대방의 마음의 문도
> 열릴 것이다

나만의 비밀

28 구매자 성별에 따라 대하는 방법

필자는 여자긴 하지만, 전화응대를 하다보면, 통상적으로 남자구 매자들이 쿨하긴 하다. 그래서 재고나 상품에 문제가 있으면, 되도 록 송장에 남자이름이 적혀있는 것을 골라 전화를 걸고, 나머지는 막내를 시키던가 한다. ㅋ

그래도, 가끔은 남자이름을 골랐지만 부인이 남편의 이름으로 사 기도 하고 여자가 남친의 이름으로 사기도 하기 때문에, 여자 구매 자에게 잘못 걸리는 경우도 있다.^^

남자 구매자들은 양해를 구하면 대부분 이해를 하는 편이며 심지 어는 자신이 구매했다는 사실도 잊어버리는 경우도 있다.

하지만, 여자구매자들…. 물론 모두가 그런 것은 아니지만 자신 이 생각했던 것과 조금만 다른 내용을 전달하면 굉장히 심기가 불

편해지고 좀 더 심한 경우에는 보상을 원하기도 한다. 그게 시간적 보상이든 정신적 보상이든….

그래서 저자는 고객센터 전화번호를 두개로 만들어 하나는 남성고객용, 또 하나는 여성고객용으로 사용한다.

고객은 판매자를 배려하지 않는다

남성고객은 여자가 응대하고 여성고객은 그 반대로 하여 이성의 목소리를 통하여 좀더 부드럽게 문제를 해결하려는 의도이다. 누가 어떻든지 간에 고객센터를 통해 클레임이라는 좋지 못한 이유로 연을 맺게 되었지만, 그것을 진심으로 해결해 준다면, 오히려, 그 고객은 평생 고객이 될 수 있다는 것을 명심하라.

하지만, 주의 다른 탑셀러들에게도 물어보고 내부적으로 확인해 보면 최근까지 클레임의 비율은 남자:여자는 반반인거 같다.

한국이 선진국화 되면서 소비자의 권리는 높아지고 있다. 하지만 가끔은 다른 선진국보다 한국의 소비자들이 권리를 악용하는 건 아닌가 할 정도로 심한 경우가 빈번해 판매자를 힘들게 하는 경우가 있어 탑셀러가 되려면 마음을 단단히 먹고 사업을 해야 한다.

게다가 요즘은 다양한 매체를 통해 '소비자의 권리'에 대해 법적으로 보장된 내용을 많이 전달하고 있기도 하니까.

그래… 좋다. 나도 구매자 중의 한 사람도 되니까. 하지만, 판매자의 권리는 없을까? 특히, 온라인 판매의 경우 박리다매로 진행하는데 특정한 사유 없이 교환 및 반품 건이 생기면 모두 왕복 택배비

를 물게 되어 판매이익에 도움이 안 되는 경우가 많다.

예를 들면, 필자가 제철 과일을 판매할 때였다. 과일을 배송하다 보면 한두 개 흠이 생길 수 있다. 그 부분에 대해 책임을 지라면 물론 부분적으로 보상을 한다. 하지만, 한두 개의 흠 때문에 전체 교환이나 반품을 하는 고객들이 아주 가끔 있다.

정말 밉다. 하지만, 온라인 판매채널에선 자기의 고객이기 때문에 판매자의 입장은 거의 배려하지 않아 힘든 부분이 있는 것이 사실이다.

'소비자의 권리'도 좋지만, '판매자의 권리'는 없는 걸까?

29 나만 몰랐던 배송 담당자의 비밀

내가 직접 회사를 경영할 때는 별 생각 없이 상품 송장을 뽑아 한 꺼번에 내보내는 작업을 했었다. 가끔 배송 포장이나 상태에 대해 불만이 접수되긴 했지만 배송을 하게 되면, 사고가 생길 수 있다고 만 생각했었다.

사업 시작 1년 후, 사업이 자리 잡히면서 상품포장 담당자 두 명 을 따로 고용하여 일을 분담하기 시작하여 배송에 신경을 쓸 필요 가 없게 되었다. 이 두 명은 아침 10시부터 상품을 찾아 포장을 하 고 송장을 붙여 쌓아놓는 작업에 바쁘다. 그들이 작업하는 순서도 나름 정해져 있겠지만, 어떤 방식으로 일을 하고 있는지는 크게 관 심이 없었던 게 사실이다.

어느 날 화장실을 지나가다 문득 그들이 작업하는 것을 보았다.

하지만, 움직임이 이상하다. 송장 한 뭉치와 출고장을 받고는 송장을 제품별로 나눈 다음, 지역별로 나누고 있었다.

"반장님, 송장을 왜 지역별로 나누죠?"

"아, 아주 가끔 여유가 생길 때는 지역별로 나누기도 해요. 우리 상품은 특성상 배송 중에 흠이나 파손이 생길 수 있는데 특히, XX구 지역의 구매자들이 굉장히 깐깐해서 문제가 조금만 생겨도 불만 접수가 가장 많아요. 그쪽 구매자들은 포장에 좀 더 신경 쓴답니다. 작년 배송문제 및 교환 등에 대한 자료를 봤더니, 전체 판매의 60%가 서울/경기도권이었구요. 그중 고객 불만 접수의 40%가 XX구 지역의 구매자들이었거든요."

맙소사.

온라인 사업 5년 차에 이런 내용이 있을 것이라고는 상상도 못했다. 배송팀에서 나름대로 상황을 분석한 것이 대견스러웠고, 그 결과를 토대로 배송에 문제가 덜 생기도록 노력한 것 또한 고마웠다.

그러나 잠깐. 위 내용이 100% 맞다고는 할 수는 없지만, 지역별 구매비율 매출은 항상 비슷한 건 사실이다. 그렇다고, 정말 XX구에 사는 구매자들이 까다로운가. 그들이 까다롭다고 단정짓기는 위험하다. 반장님의 통계처럼 그 지역이 구매자들이 워낙 많으며, 그만큼 물량이 많아 배송 중 상품에 조금씩 흠이 생길 수 있다. 그 외에 여러 가지 이유가 있을 것이며, 판매자들은 그렇다고 XX구 구매자들만 포장을 잘 해야겠다는 생각은 위험하다.

그래서 난 그들에게 뭐라고 말해줘야 할까?

아닙니다. 지역별로 나누지 마시고 모든 배송상품에 신경 써서 보내세요. 라기 보다는,

'그럼 계속 잘 부탁드려요.'가 정답인거 같다. 더 얘기를 안해도 이미 지역별 상품배송까지 신경쓸 정도라면, 이미 기본적인 상품포장도 잘 하고 있을 것이기 때문이다.

이럴때는 당근이 제일인 것 같다.

위 내용은 그저 통계일 뿐이며, 재밌는 이야기다.^^

30 소비자 고발 프로그램

특정 과일의 경우 시중에서 유통될 수 없는 상품을 온라인으로 판매하고 있다는 내용의 소비자고발 프로그램이 있었다. 그 프로그램에서는 담당자가 직접 판매자에게 찾아가 상황을 굉장히 안좋게 설명하고 시청자로 하여금 눈살을 찌푸리게 하였다.

최근의 예로 '카스테라' 체인점이 한 TV 프로그램에 의해서 망한 사례도 있다.

물론 불법이라면 당연히 나쁜 거다. 하지만, 생각을 뒤집어 보자. 그 상품을 먹는다고 해서 건강에 해롭다거나 몸을 해치는 것이 아니었다. 그저 사이즈가 유통되어야 하는 평균보다 작거나 크기 때문이다.

그럼 평균 외의 사이즈는 유통되면 안 되고 우연찮게 유통하면 안 되는 사이즈를 수확한 농부들은 어떻게 처분을 해야 하는 걸까. 물론

지역 내에서 처리하는 제도가 있겠지만 말이다.(농부들의 말에 의하면 사이즈 때문에 버리는 과일이 약 10% 이상이라고 한다)

이 부분에서 필자는 아이디어가 떠올랐다.

그렇다면, 이 버리는 과일을 싸게 받아 쥬스가게 사업을 하는게 어떨까 했던 것이다.

그 아이디어는 7년전이었고, 결국 작년부터 이 아이디어로 한 쥬스가게가 대박이 나서 지금도 체인이 늘고 있는 것으로 알고 있다.

아마 필자의 아이디어만 실제로 진행된다면 이미 백만장자가 되지 않았을까 싶다 ^^;

다시 전 얘기로 돌아가서,

결국 그 프로그램은 평균 외 사이즈의 과일이 온라인에서 판매가 되고 있는 것에 대해 제재를 하는 내용인 것이었다. 하지만 그 제재되는 사이즈의 과일은 사실상 온라인에서 굉장히 싸게 판매되고 있었다.

제철을 만나면 10kg짜리가 무료배송에 5,900원에 판매되기도 한다. 판매가 5,900원에서 수수료 10%를 빼면 5,310원. 배송비 2,500원을 빼면 2,810원(왜 배송비를 2,500원씩이나 빼느냐 1,500원짜리도 있는 걸로 알고 있다 하시는 분들이 계실 텐데 상품이 10kg이 되면 배송단가도 올라가며, 과일의 경우 지방에서 대개 배송이 되기 때문이고 배송량이 많은 경우는 배송대행업체에 맡기기도 하기 때문이다.) 박스비 1,000원을 빼면 1,810원. 창고비, 인건비 등은 보통 박스당 200~300원으로 잡으니 빼면 1,510원.

마진을 대략 천 원으로 설정하면 도대체 이 과일은 10kg의 원가는 500원도 안 된다는 거다. 구매자들이 이렇게 싸게 구매할 수 있는 이

유는 판매자들의 노력에 의해서이다. 거기에 MD의 노력, 온라인 판매 채널의 투자 및 지원을 포함해서.

그러므로 무턱대고 판매자에게 비판만 할 것은 아니라는 것이다. 하지만 정말 불법 유통이 있긴 하다. 최근 상품권을 온라인을 통해 다른 경쟁자들보다 싸게 판매하는 판매자가 있었는데, 알고 보니 훔친 상품권을 현금화하려고 판매한 것이라고 한다. 그럼 그 상품권을 싸게 구매한 구매자들은 웃어야 할까 울어야 할까.

그래도 그 상품권이 짝퉁이 아닌 게 다행이라고 생각하는 게 나을까.^^

click
07

똑똑한 온라인
판매채널 이기기

31 더 이상 갈곳이 없는 판매자
vs 머리가 너무 좋은 온라인 판매 채널

띵동.

판매자님에게 '옵션설정관련 내용 변경 건'에 대해 메시지가 왔습니다.

• 부담 할인 쿠폰이 적용되어 있는 상품에 한하여, 아래와 같이 변동사항이 발생하는 경우는 적용되어 있는 부담 할인이 삭제됩니다.

1. XX부담 할인 설정 판매가를 기준으로 판매가를 상향조정하거나 20% 초과 판매가를 하향한 경우
2. 판매가 변동 없이 판매자 부담 할인액을 하향 조정하는 경우
3. 상품의 각각 필수선택 상품의 판매가를 상향/하향 조정하는 경우

왠지 읽기 싫은 딱딱한 느낌의 문장들이다. 하지만, 이 내용은

판매자들에게 있어 아주 중요한 메시지다. 위 내용은 해당 판매 채널에서 쿠폰 및 수수료를 지원 받는 판매자는 해당 상품코드의 가격을 변경하지 말라는 거다. 만약, 변경한다면 기존의 지원이 삭제된다는 경고문인 것이다.

예를 들어, 현재 판매하고 있는 상품이 해당 채널의 MD에게 쿠폰지원을 받아 수수료가 낮게 측정되어 다른 판매자들보다 좋은 조건의 정산을 받게 된다거나 한 가지 상품만 등록되어 있는 것이 아닌, 한 코드에 여러 가지 상품이 옵션으로 등록되어 있을 경우에, 그 중 한 가지 옵션의 가격이라도 변경을 하면 수수료 지원이 삭제된다는 것이다. 한 코드에 쿠폰 지원을 받게 되면, 해당 옵션들도 모두 수수료의 지원을 받기 때문이다.

갑자기 한 판매채널에서 위와 같은 정책을 결정한 건 왜일까?

사실 지금까지 온라인 판매채널에서 수수료 및 쿠폰 지원 등에 대하여 제재하거나 언급한 적이 없어 판매자들을 더욱 놀라게 한 건 사실이다. 그러므로 위 내용은 그동안 수많은 판매자들이 그 부분을 이용 또는 악용하여 이익률을 높이기도 한 경우가 다반사이기 때문인 것이다.

쿠폰을 지원받고 가격을 변경하거나, 상품을 변경하거나, 해당 옵션상품의 가격을 변경하는 등 처음 MD와 상의 하에 진행했던 상품들이 시간이 지나면서 다른 상품으로 교체되거나, 가격을 변경했기 때문이다.

그렇다면, 앞으로 쿠폰 지원을 받을 경우 절대 변경할 수 없느냐.

세상 모든 일에는 꼭 구멍이 있더라.

이 책을 통해 얘기한다면, 필자는 큰일난다.

쿠폰 적용된 상품의 조건 변경불가

쿠폰 지원받고 가격변동 불가

쿠폰 지원받고 상품교체 불가

쿠폰 지원받고 옵션상품 변경 불가

32 온라인에선 무조건 '박리다매'?

'박리다매'의 시대는 끝났다. 물론, 박리다매로 판매하는 판매자들이 카테고리별로 많다.

그래서 더욱이 박리다매에 경쟁자가 되어봤자 사업은 더 힘들어질 수밖에 없다.

21세기부터 강조되었던, 특히나 한국에서 강조되고 있는 아이디어, 즉 창의성이 필요하다. 말로만 창의성, 창의성 하지 말고 우리부터 시작해야 돈을 벌 수 있다.

물론, 창의성이라는 것이 자라온 환경 및 교육 등이 큰 영향을 주겠지만, 뭐든지 연습을 하면, 시간이 걸리되 그 끝은 성공할 것이다.

상품의 가격은 판매자 상품의 원가, 온라인 오픈 평균 판매가, MD, 구매자에 의해 결정된다. 그렇다면 위에 열거한 가격 중 '온

라인 오픈 평균 판매가'가 없다면, 그것은 무엇을 의미할까?

곧, 경쟁자가 없다는 것이다. 경쟁자가 없으면 판매가격도 굳이 억지로 마진 없는 싼 가격을 맞출 필요 없이 대충 시장가를 맞추면서 이익을 볼 수 있는 상품이 되겠다. 필자 주위의 한 판매자는 굉장히 운이 좋은 적이 있었다. 그 판매자의 부모님이 권투 글러브를 생산하여, 외국에 수출을 하고 있는데, 그 글러브를 딸이 국내 온라인으로 독점 판매하여, 상품이 종종 품절이 되는 경우도 있을 정도로 경쟁자는 있지만, 경쟁력이 있어 판매가 많이 되고 있는 것이다.

이 판매자의 경우는 아이디어보다는 제조사의 도움으로 독점 판권을 가지고 있는 것이지만, 아이디어라고 해서 특별한 상품에만 몰두하기보다는 이런 제조사와의 계약을 유리하게 맺는 조건을 찾아보는 것도 아이디어의 일부이다. 거기에 경쟁력 있는 상품을 검색하고 시장성을 잘 판단하는 머리도 필요하다.

그 외 좀 더 아이디어 상품에 적합한 예로는, 어떤 판매자는 스카프를 저렴하게 파는데 그 스카프의 천은 여기저기서 옷을 만들다 남을 천을 사용하고 있었다. 그자투리 천을 대충 모서리만 박음질하여 엄청 판매한 케이스도 있다.

살랑살랑 바람이 부는 봄과 가을이 되면 그 판매자는 온라인 판매 채널에 짠! 하고 나타나 배송비만 내는 것 같은 싼 판매가격으로 우리를 유혹한다.

사실 소셜커머스에서는 독점 판권을 가지고 있지 않는 이상, 아이디어 상품을 제안해야 한다. 예를 들어 너도나도 모두 같은 공산

품을 가지고 있다면 50%이상의 할인율을 자랑하는 소셜커머스에서는 가격경쟁으로는 아무도 이길 수 없다는 것이다.

그럼, 정답은 같은 상품을 어떻게 조합하여 포장하는지가 관건이 되는 것이다.

결국, 남들과 똑같이 해선 안 된다는 것이다.

연구하고 또 연구하자!

33 온라인 첫 사업 실패 스토리

처음부터 운 좋게 성공하긴 참 어렵다. 주위에 보이는 판매자들은 쉽게 성공한 것처럼 보이지만, 평균적으로 5년 이상 고생한 판매자들이 빛을 보고 있을 때 쯤 우리는 그들이 보이는 것임을 알아야 한다.

적어도 하루에 100명 이상 온라인 판매를 시작하고 100명 이상 판매를 접을 정도이므로 온라인 판매를 쉽게만 생각할 일은 아니다.

적자가 크게 나지 않는다면, 실패도 좋은 경험이다. 앞으로 계속 온라인 판매 사업을 하겠다면, 부족한 부분을 꼭 알아야 한다.

보통, 오프라인 사업을 한다면, 잘할 수 있는 부분 외에 부족한 부분을 채워줄 수 있는 직원을 채용하면 되지만, 온라인 사업의 경우는 본인이 모든 것을 할 줄 알아야 하기 때문이다.

필자의 첫 온라인 사업은 옷 판매였다. 젊은 친구들이 제일 쉽게 접근하는 카테고리가 바로 옷이다. 그만큼 경쟁도 치열하고, 살아남기 어려운 카테고리다.

필자가 실패하면서 배운 점을 요약하면 이렇다.

1. 포토샵을 통한 이미지 작업을 하지 못해 직원들에게 의지하다 시간이 지연된 것
2. 구매자의 목록 편집을 잘못하여 상품 오류로 보낸 것
3. 원하는 모델을 찾고, 관리하다 시간이 지연된 것(보통 온라인 판매는 사장이 모델을 많이 함)
4. 택배사와 택배비용 계약을 저렴하게 하지 못해 경쟁력이 없던 것

사업하는 데 어려움은 많았지만, 1년이라는 시간 동안 사업에 대해 많은 것을 느끼게 해주었다. 실패는 성공의 어머니. 욕심부리지 말자.

이 말은 많은 성공한 판매자들의 공통된 주장이다.

34 온라인 판매채널 별 구매자 스타일

G사 구매자들 그들은 '메뚜기'다.

어느 한 곳, 한 판매자한테 단골구매자로 머물러 있지 않는다.

그저 행사하는 판매자를 쫓아다니면서 제일 저렴하게 구매하는 아주

영리하고 재빠른 구매자들이 모였다.

게다가 G사는 쿠폰을 많이 지원하고,

이벤트도 많이 진행하기 때문에,

구매자들이 다른 판매채널로 갈 틈이 없다.

결국, G사의 본사 마케팅팀과 구매자는 서울대 급이다.^^

그들은 '충성도'가 높다.

한번 구매하여 가격이나 배송 등에서 만족하면, 단골로 등록하여 계속 한 곳에서만 구매하는 경향이 있다.

이유는 여기의 구매자들은

온라인에서 판매가 흥행하기 전부터 온라인을 통해 구매해온 사람들로 나이가 40대 이상인 구매자들이 많다.

MD 또한, 이 구매자들을 위해서 무조건 싼 상품을 행사로 진행하기 보다는 구매자들의 만족도에 크게 신경 써서 진행하여

나이 드신 구매자들에게 만족감을 주기 위해 꾸준히 노력하는 채널이다.

1사 구매자들 이 판매채널은 후발 주자다.

하지만, 이동통신사와 밀접한 관계가 있어

늦게 시작한 사업임에도 불구하고 다른 판매채널보다 경쟁력이 떨어지지 않는다.

해당 이동통신사를 사용하는 고객이 많으며,

구매자들은 연령대가 전체적으로 고루고루 분포되어 있겠지만,

1사의 이미지나 광고, 마케팅을 고려했을 때

10대부터 20대의 젊은 친구들이 많이 있는 것 같다.

그만큼, 1사는 통통 튀는 아이디어의 상품도 꽤 있고,

비록 후발주자지만, 규모가 작은 곳은 아니라서

판매하는 데 있어 지원도 많이 해 주는 편이라

판매자에게 좋고

구매자들은 쿠폰 및 해당 통신사의 멤버십으로 할인을 많이 받아 좋다.

백화점 상품을 온라인에서 구매할 수 있다.

그럼 그들은 누구인가.

그들은 다른 오픈마켓도 아닌 소셜도 아닌 온라인 백화점을 택했다.

사실, 잘만 검색하면 같은 상품도 다른 채널에서 더 싸게 살 수 있는데도 불구하고 굳이 온라인 백화점에서만 구매하는 이유는 무엇일까?

그들은 그들만의 품격이 있다. 같은 상품도 그 온라인 백화점에서 구매해야 된다는 품격 말이다.

필자의 상품을 벤더를 통해 온라인 백화점에 올려본 경험이 있다.

와~ 정말 까다롭더라.

상품 주문 확인 이틀 안에 배송이 완료되어야 하고,

만약, 시간을 못 맞추면, 페널티를 내야한다.

게다가 깜빡하고 한 고객에게 상품을 보내지 않았다면,

그에 대한 페널티는 더욱 크며,

고객이 단순변심으로 인한 반품은 이유 없이 받아줘야 한다.

역시 온라인 백화점의 구매자들의 비위를 맞추기는 어려웠다.

컴퓨터 앞에 앉아 구매하는 사람도 많겠지만, 핸드폰을 통해 구매하는 사람도 많아 상품에 대한 반응이 굉장히 빠른 편이다.

또한, 구매에 있어 조금만이라도 심기가 불편하면,

실시간으로 하고 싶은 말을 맘껏 하며,

자기주장이 강해 소비자의 권리를 확실하게 표현하는 편이다.

한 소셜 MD는 자기도 이렇게 힘든 줄 몰랐다고 한다.

이전에 다른 온라인 판매 채널에도 있어봤지만,

소셜 구매자들은 상품은 제일 싸게 구매하고 싶어 하며,

서비스는 홈쇼핑수준으로 원하기 때문이란다.

오픈마켓이나 기존 온라인 판매채널은 항상 판매가 오픈되어 있는 반면에, 소셜은 '딜기간'이라고 부르는 판매기간을 하루에서 3~4일 정도로 한정해서 잡고 있어 소비자로 하여금 딜기간이 지나면 구매하고 싶어도 구매할 수 없다는 콘셉트로 충동구매을 일으킨다.

그래서 기존 온라인 판매채널과는 다르게 단기간에 매출이 극대화되기 때문에 단기간 판매에는 소셜커머스 판매채널이 딱이다.

그래서 최근에는 소셜커머스를 통해 판매되는 상품들 중에는 좋지 않은 품질의 상품을 판매하고 빠지는 식으로 진행되는 경우가 간혹 있기도 하지만 품질이 좋다면, '앵콜'이라는 이벤트로 재판매를 할 수 있는 기회가 오기 때문에, 자신이 가지고 있는 상품을 잘 관리하여 롱런을 한다는 마음가짐으로 판매에 충실한 것이 좋다.

그렇다면 소셜에서 판매되는 50%이상의 할인가는 어떻게 형성이 되는 걸까? 물론 이전에 소셜 및 여러 온라인 판매채널에서 판매하는 팁을 알려주긴 했지만, 실제로 정상가격에서 큰 폭의 할인을 하는 딜 건이 있을 때가 있기 때문이다.

바로 땡상품! (초특가 상품)

실제 예를 들자면 XX브랜드 청바지. 한 수입업자가 대량으로 싸게 수입하였지만, 한국의 패션 테이스트 변화로 아울렛매장에 아무리 싸게 판매를 해도 그 많은 물량을 처리할 수가 없었다.

온라인 판매를 하고 있는 한 지인이 몇백장만 판매해 보겠다고

소셜커머스에 올렸다가 완판되어 그 수입업자를 대신해서 남은 물량을 모두 온라인을 통해 판매해 준 사례가 있다.

수입업자는 울며겨자먹기 식으로 원가로 재고를 없앨 수 있었지만, 중간 온라인판매해 준 지인은 마진을 많이 챙길수 있었던 것이다. 이처럼 땡처리 상품만 잘 잡는다면 단기간에 짭잘한 수익을 얻을 수 있다. 물론, 땡처리 상품을 가지고 있다고 해서 되는 것이 아니고 온라인 판매채널 MD, 피디들과의 인맥을 가지고 있어야 하는 것이고 그 상품을 어떻게 포장해서 잘 판매할 것인지 자신이 나름대로 계획하여 제안서를 넣어야 하는 능력을 가지고 있어야 한다.

그럼 땡상품은 어디서 구할까?

인맥. 네트워크.

역시 넓은 인맥이 중요하다. 한 군데서 땡처리 상품이 계속 나오는 게 아니고, 여기저기서 단기간에 재고를 정리해야 하는 상품이 나오는 것이기 때문에 항상 넓은 인맥을 유지하고, 비즈니스의 신뢰도 쌓아놔야 좋은 기회가 올 것이다.

예를 들어, 편의점으로 스프를 공급하는 한 회사에서 유통기한이 세 달밖에 남지 않았지만, 편의점에서는 그 시간안에 재고를 모두 소진할 수 없다는 것이 결정되면, 외부로 땡처리를 해야 한다. 그 시점 편의점에서 1,500원에 판매하고 있는 스프를 개당 단가 100원으로 넘기게 된다면, 그 땡상품을 받는 사람은 얼마에 팔아야 판매가 잘 될 수 있는지 결정 후 온라인을 통해서 판매하게 된다.(물론 상품내용 공시에 유통기한에 대한 내용을 확실하게 적어야 한다.)

그럼 얼마에 팔면 좋을까?

500원은 좀 비싼듯 해 보이고 300원은 너무 싼듯. 400원(또는 390원 권장)으로 판매하는 걸로. 판매가가 400원이라고 하면, 소셜이나 온라인 판매채널의 수수료 0%~20%까지 생각을 해야 하니 적정수준으로 15%라고 정하면 정산가는 340원이 되며,(MD와 협상만 잘한다면, 수수료를 0%까지 가능) 마진은 340원 - 100원= 240원.

와우!!! 원가의 두배가 넘는다.

거기에 몇 개를 주문하든 배송비를 2,500원 받는 것으로 하고 택배사에는 2,000원으로 계약이 되어 있다고 치면, 500원이라는 백마진이 생기게 되는 것이다.

판매 팁!

청바지는 유통기한이나 상품변질이 없기 때문에 장기간 재어 놓아도 문제가 없지만, 식품이나 가전제품 등 제조일 및 유통기한이 적혀 있거나 필요한 상품들은 판매가 곤란해질 여지도 많기 때문에 소비자들이 구매를 꺼려하지 않는 상품으로 준비해야 하는 것이 가장 중요하며, 판매가 실패할 경우, 그 재고를 그대로 떠안는 일이 생길 수 있으니, 무조건 땡상품이라고 받기 전에 신중하게 생각해야 하며, 시장조사 및 MD와 상의를 하는 것이 중요하다.

그외에 땡상품만 전문적으로 가지고 있는 사람들도 있다.

어떤 건물에서 화재 및 사고로 보험회사에서 보상문제를 처리해

주면서 그 건물에 남아있는 상품을 수거하여 땡처리 전문가들에게 재판매를 하는 경우도 있다.

* 홈쇼핑 통한 판매

어떻게 보면 홈쇼핑은 온라인을 통한 구매가 아니라, TV를 통하기 때문에 언급을 안 했지만, 상품을 판매할 수 있는 거대한 채널인 건 확실하다.

하지만, 주위에 홈쇼핑을 통해 하루하루 마음을 졸여 가면서 판매하시는 사장님들을 보면서 비스니스하시는 모습을 보고 지켜보는 입장에서도 안타까운 마음이 많이 들었으며, 오히려 느긋하게 온라인판매를 하는 나를 더 부러워하셨다.

홈쇼핑의 경우, 일단 일정량의 많은 재고를 확보하고 있어야 하며(큰 자금이 필요), 홈쇼핑의 판매일정에 맞춰 많은 주문량을 짧은 기간 내에 처리해 줘야 하며, 판매일정이 언제 잡힐지 모르기 때문에 홈쇼핑 소속 MD들에게 의지할 수밖에 없으며, 혹시 일정이 취소되거나 잡히지 않으면, 그에 대한 손해는 어마어마하며, 별다른 큰 사유 없이 반품되는 건에 대해서는 무조건 취소를 해 줘야 하는 등(왕복택배비 업체부담) 대박 아니면 쪽박인 위험하다면 위험할 수 있는 판매채널이다.

또한, 홈쇼핑에 입점을 하려면, 법인이거나 오랜 기간 동안 매출이 높아야 하며, 입점하는 것만으로도 많은 절차를 요한다. 물론 홈쇼핑 채널을 통해 얼굴 에센스 마스크 등 대박을 일궈낸 사장님들

도 많다. 하지만, 이 책은 소자본으로 경험을 통해서 적은 손실 또는 소소한 수입으로 시작하는 완전 안정된 일을 찾으려는 분들을 위한 컨셉의 책임을 다시 한 번 강조하겠다.

어쩌면 홈쇼핑은 아이템 투자의 사업발판을 만들어 주는 계기로 진행되는 추세라고도 볼수 있다. 예를 들어 한 아이템이나 브랜드를 유명하게 만들고 싶은 경우, 아이템의 마진을 기대하지 않고, 마케팅용으로 진행하고 싶을 경우, 수수료가 높은 홈쇼핑을 통해 판매를 진행하는 것이다.

그럼, 그 회사는 이익은 없지만, 홈쇼핑 덕분에 브랜드나 아이템의 인지도를 키울수 있는 좋은 기회가 될 수 있기 때문이다.

참고로, 최근에 '줄기세포 배양액'을 포인트로 하여 브랜드 및 아이템의 인지도가 좋아지고 있는데, 이 아이템을 알게 된 이유는 홍콩 친구가 오히려 먼저 필자에게 'Mask Ball'인 위 회사의 아이템을 물어봐서 찾아본 상품이다.

외국친구들이 이 아이템에 흥미를 느낀 이유는, 기본 마스크팩과 다르게 액체를 첨가하여 녹여서 쓰는 동그란 고체이기 때문이다.

이젠 마케팅이 이론처럼 정식단계가 있는 것 보다는, 어떤 방법이든 소비자에 눈이 띄게 하는게 최고인 것 같다.

35 배송비를 통한 마진 사업

상품을 팔아서 남아야 하는 게 장사.

그러나, 가끔 탑셀러 중에는 아무리 생각해봐도 상품의 가격이 너무 싸서 의심이 들 정도가 있다. 그렇다고, 그들이 직접 생산하는 것도 아니고, 남들 다 파는 가공식품인데 말이다.

그들의 마진은 상품이 아니라 택배비였던 것이다.

첫째는, 기본적으로 100가지 이상의 상품을 판매하고 있었고

둘째는, 대부분의 상품이 가격대가 만 원을 넘지 않으며

셋째는, 상품의 사이즈가 작아 한 박스에 묶음으로 배송을 할 수 있는 것들이었다.

모든 상품에는 배송비[13] 2,500원이 결제되는데(가끔은 묶는 상품도 허용되는 것들도 있긴 하지만), 고객들은 결국 그 판매자의 상품을 원가에 구매하는 대신 택배비를 결제하게 되는 시스템이다.

특히, 택배비를 따로 결제하는 경우에는 고객들이 좋아하는 무료배송 상품하고는 판매자에게는 또 다른 스토리다.

무료배송이라고 하면 판매자는 판매금액에 배송비를 포함하고 거기에 또 수수료를 넣어 판매가를 결정하게 되고, 위와 같이 배송비를 따로 결제하는 선결제(혹은 착불)인 경우에는, 배송비에는 수수료가 적용되지 않아, 구매자들이 결제한 2,500원에 대한 택배비용이 그대로 판매자에게 정산되기 때문이다.

하지만, 최근 몇몇의 소셜에서는 택배비까지 수수료가 들어가니, 딜을 시작하기 전에 꼭 확인해야 한다.

뛰는 판매자 위에 나는 능력 구매자들은, 상품의 가격만을 비교하는 것이 아니라, 그 상품이 몇 개까지 묶음이 가능한지까지 확인하니 역시 우리 판매자는 또 공부를 할 수밖에 없다.

---

13) 배송비 수수료
　　상품을 판매하는 데에 있어 배송비가 유료(선결제)일 경우는 보통 배송비를 그대로 업체에게 입금해 주었다. 하지만, 최근부터 배송비에도 수수료를 매기는 경우가 있으니(특히 소셜) 행사 진행 전 꼭 체크할 것!

36 택배사의 선택

소소셀러에겐 택배사를 선택할 여지도 없다. 그저 택배비를 제일 싸게 해주거나, 거리가 가깝다거나, 내가 사용하고 있는 사무실과 계약 때문에 어쩔 수 없이 사용하는 경우가 많다. 하지만, 소소셀러에서 탑셀러로 전환이 되면, 택배사의 선택과 계약이 굉장히 중요하다. 물량이 많아지면 택배비를 조정할 수 있는 권력, 즉 택배사와 갑을관계가 바뀌게 된다.

당신이 가진 상품이 가볍고 부피가 작다면, 현재 시세에서 가장 저렴하게 계약할 수 있는 택배사가 좋고, 상품이 무겁고 부피가 크다면(대게 이런 상품은 파손도 많다.) 시세에서 적당한 택배비에, 대신 배송 중 파손이나 문제 건에 대해서는 확실하게 보상해 주는 택배사가 좋다. 또한, 파손이 타 택배사에 비해 적은 회사를 택하는 것도

좋은 방법이다. 택배비가 싸다고, 여러 부분을 고려하지 않고, 무턱대고 결정한다면 오히려 판매에 지장이 생길 수 있음을 명심하라. 만약 택배비를 빼고 다른 것들이 모두 악조건이라고 하면 배송 중 파손이 많이 생김으로 인해 배송이 지연되고, 구매자도 한없이 기다려야 하며, 파손된 상품 또한 판매자와 택배사의 부담이 되기 때문이다.

또, 한가지의 팁은 MD를 통해서건 소셜을 통해서 많은 물량이 나올 것이 예상이 된다면 그 예상 물량을 정하여 행사시기에만 택배비 조정을 요청할 수 있다. 아무래도 택배비가 내려가면 행사상품의 제안가도 같이 내려갈 수 있기 때문에 되든 안 되든 단기간 행사에도 담판을 지어보는 것도 방법이다.

배송사 선택 시 주의사항

배송비가 쌀 것
배송 사고에 대해 보상이 원활할 것
배송 사고율이 적을 것
단기간 택배전담계약이 가능할 것

37 가격파괴 금지!

　한번 내 상품을 마케팅하자는 핑계로, 말도 안 되는 가격으로 크게 마이너스 되어 가면서 행사하는 것은 정말정말 위험하다.

　한 예로, 소셜의 지역상품의 딜레마를 보자.

　각 지역의 음식점들이 소셜을 통해 일시적 반값행사를 하면, 많은 사람들은 티켓을 구매하여 방문하게 되고 마케팅도 되지만, 그 행사가 끝나면 고객들은 200%이상 만족하지 않으면, 할인했던 가격이 아닌 이상 재방문하지 않는다는 통계가 있다.

　구매자들은 반값 또는 제일 싼 가격만을 기억하기 때문이다.

38 중국에서 상품 수입하여 온라인 사업해보겠다는 분들에게

이런 분들 주위에 많다. 최근 한국이 중국시장과 많은 교류를 하면서, 너도나도 중국에서 물건을 싸게 가져와 한국에서 대박날 거라고 생각하시는 분들 말이다. 게다가 의류 같은 경우에는 한국지사가 중국으로 넘어가 대박 난 업체들도 꽤 있다.

하지만 일이 너무 크게 진행되다가 쪽박 난 업체들도 많으니 누구나 성공을 하는 것은 아니라고 보는 것이 현명한 시각이다.

실제로 대박 난 경우의 예를 먼저 들어보자.

어버이날을 겨냥하여, 중국시장에서 모조 카네이션을 한국 돈 50원에 사와 택배비를 무료로 하여 3천 원에 판매하여 엄청 많은 양을 판매한 건이 있었다. 카네이션의 경우 사이즈도 작아, 택배비도 잘만 계약했다면 1,500원 정도 였을 수도 있다. 그러면 판매가를

정산하고 수수료 10%를 뺀다 해도, 2,700원이 남는다. 거기서 택배비 1,500원 빼면 1,200원이 순수익.

즉 판매자는 20배 이상의 이익을 챙겼다는 것이다.

이런 얘기를 들으면, 정말이지 필자라도 당장 중국시장에 가서 물건을 사오고 싶다.

하지만, 실패한 경우의 예는 수없이 많다.

여름을 겨냥하여 날개 없는 선풍기를 중국에서 싸게 들여와서 판매를 하는데, 반품이 많이 생기는 것이다. 이유는 상품이 작동을 하지 않는다는 것. 구매한 상품에서 반품의 비율을 따져보니 30%나 되었다. 결국 10개 중 3개는 불량이었다는 말이다.

한 번에 많은 양을 수입하니, 그 많은 상품을 하나씩 검사하기도 어렵고 이미 결제한 거라 중국으로 다시 반품하기도 어렵고, 결국 이러지도 저러지도 못하는 상황이 되어 버렸다.

무조건 하지 말라고 그들에게 겁을 주는 것이 아니다. 대신 그들이 열심히 모아둔 돈을 잘 굴려 더 벌으시라는 의미에서 언급하는 것이다.

만약, 이같은 사업을 진행할 예정이라면 다음과 같은 팁을 주고 싶다.

1. 제조사를 잘 확인해라

위처럼 불량률에 문제가 없도록 확인을 꼭 해야 한다.

2. 상품거래 업자와 계약을 잘 해라

상품을 경쟁력 있는 가격으로 받으면 좋지만, 그 대신 그 상품이 다른 판매자들에게도 들어간다면, 결국 그 상품의 경쟁력은 떨어지므로, 되도록이면 독점권을 가지는 게 좋다.

3. 상품을 트렌디하게 골라라

무조건 싸다고 한꺼번에 많은 양을 구매하면 안 된다. 그 상품이 잘 팔릴 수 있을지 친한 MD에게 자문을 구하는 것도 좋다.

4. 상품을 잘 포장해라

상품이 약간 허접해 보일 수도 있다. 이유는 직접적으로 말하진 않겠다. 구매자들의 시선을 끌기 위해 그 상품의 장점을 최대한 살려 이미지를 작업해라. 가격 경쟁력, 상품의 수명, 디자인 등에서 최대한 장점을 부각시켜라.

특히, 4번이 굉장히 중요하다.

한번은 중국에서 옷을 수입하여 판매하려고 준비하던 과정에서, 중국의 스타일과 한국은 많은 차이를 보여, 아무리 싸게 한국에 들여온다고 해도 디자인이나 색감에 있어서 한국 구매자들에게 어필하기가 어려웠다.

하지만, 오픈마켓에서 잘나가는 한 쇼핑몰은, 필자가 중국에서 본 옷과 분명히 똑같은 옷이었음에도 불구하고, 판매가까지 높은

데 판매가 잘 되는 것이었다.

혹시나 해서 구매를 해봤더니 맙소사…. 그들은 같은 옷을 싸게 수입하여 한국에서 리폼을 하여 판매한 것이었다.

촌스러운 단추를 한국 여자들이 좋아하는 무난하고 심플한 것으로 바꿨으며, 뭉툭한 허리부분을 잘록하게 박음질하여 고급스러운 옷으로 바꿔 판매를 하였던 것이다.

그 외 가방을 중국에서 직접 생산하여 판매하려고 준비했던 기억도 난다. 원가를 따져보면, 한국에서 생산하는 것과 중국에서 생산의 금액이 차이가 꽤 났던 것으로 기억한다. 하지만, 포기한 진짜 이유는 원하는 대로 제작이 되지 않는다는 데 있었다.

한국생산 샘플을 중국에 보내서 현지에서 제작한 샘플을 다시 받아 확인해 보았는데, 어딘지 모르게 느낌이 다르게 표현되어 있었다. 확인 결과, 가방 천 자체가 한국인이 선호하는 무난한 느낌보다는, 같은 색이라고 해도 재질에 있어 좀 더 진하고 튀는 느낌이었고, 도장된 금색의 지퍼나 고리 등도 좀 진하고 조악해서 고급스러운 느낌이 없다고 할까 뭐 그런 느낌이었다.

이렇게 되면, 결국 필자가 직접 중국에 가서 가방 천과 부속품을 매입해야 한다는 것인데, 그건 좀 무리였다.

그러나 모든 경험은 소중한 것이다. 실패했든 포기했든 성공했든 모든 경험을 잊지 않고 잘 간직해야 재산이 된다.

반대로 얘기해보자.

이젠 한국상품을 해외로 파는데 눈을 돌려야 할때다.

10년전까지만 해도 일본상품에 대한 환상이 있어, 무조건 좋다라는 인식으로 전세계적으로 판매가 잘 되었지만, 이제는 한국이다.

값싸고 상품 좋으며, 마케팅 또한 발빠른 한국.

핸드폰을 만드는데 미국과 한국의 싸움이며,(중국이 추가되었지만) 그만큼, 한국은 세계를 아이디어와 경쟁력으로 승부할 수 있는 시대인 것이다.

이미, 한국 전자제품은 성공했고, 화장품은 아시아에서 유럽까지 뻗어가는 시기이다.

실제로, 한국보다 해외에서 더욱 유명한 브랜드들이 있으며, 그 성공의 이유는, 각 나라별 성공했기 때문이다.

예를 들어, 베트남의 경우 날씨가 덥고 햇볕이 강해 '선크림'에 관심이 많은데, 한 브랜드에서 선크림에 시원한 느낌이 나는 퍼프를 더하였고, 지금은, 상품 재고가 없어 기다리는 상황까지 벌어졌다.

최근은 인터넷의 카페를 통해서 많은 해외사이트를 통해 판매할 수 있는 내용들이 많으며, 그 안에서 경험자들의 이야기를 공유를 할 수 있어 실수를 덜 할 수도 있다.

안좋은 경험을 올려놓은 내용도 보았는데, 한 외국인이 한번에 많은 상품을 구매해놓고, 물건이 배송하는 도중 결제를 취소한 사례 등도 있었다.

어떤 사업이든 쉬운건 없다.

다만, 실수를 적게하고 마이너스를 최소화 하기 위해선 많이 연구하고 공부하는 방법밖에 없는 것 같다.

39 온라인 판매를 쉽게 생각하시는 분들에게

"난 무역상사에서만 10년 이상을 일해 본 사람이야. 온라인 판매쯤이야."라고 생각하시는 어른들이 계신다. 온라인으로 판매하는 것과 오프라인으로 판매하는 것은 많이 다르다.

다른 점이라면 오프라인은 입체적으로 상품을 볼 수 있지만, 구매자들의 범위는 한계가 있고 온라인은 상품을 평면으로만 보여줄 수 있으나, 구매자들의 범위는 전국구 또는 세계적이다. 무한대다.

온라인, 즉 인터넷을 통하여 그들의 관심을 얻는 것은, 단지, 경쟁력 있는 가격, 예쁜 포장에만 달린 게 아니다. 뭐든 쉬운 일은 없다.

소소하게 시작한 판매가 계절을 한 바퀴, 두 바퀴 돌다보면 대단하고 똑똑한 구매자들을 만족시키고 싶은 생각이 생기기 시작하고 그러기 위해 많은 노력과 공부를 하게 된다.

그 결실은 정말 달달한 것이다.

끊임없이 보고 배우고 카피하라.

40 온라인판매에 대처하는 판매자의 자세

판매자의 입장으로 가장 중요한 것은 바로 내일이다. 온라인을 통해 판매 좀 한다 싶으면, 현재의 트렌드를 잘 읽고 그에 상응하는 아이템을 잡아 내일을 미리 준비해야 한다는 것이다.

판매자가 한 상품의 제조사이거나 단독 판권이 있다고 해서 트렌드 같은 것은 알 필요도 없고, 그저 재고 판매에만 신경 쓰면 되겠지 하면서 내일을 준비할 필요는 없다고 생각하면 큰 오산이다.

현재 가지고 있는 상품을 트렌드에 맞게 변화를 시키는 것도 능력의 일부분이기 때문이다.

또한, 남들과 비교할 수 없고 검색해도 경쟁상품이 확인되지 않는 아이디어의 상품을 준비하는 것도 좋다.

아이디어 상품이라고 해서 특이한 상품이라고만 생각하는데 그

런 것뿐 아니라, 본인이 가지고 있지 않은 상품이더라도, 현재 보유하고 있는 상품과 잘 어울리는 상품을 가진 다른 판매자와 협력을 통해 상생을 하는 것도 좋은 아이디어라고 할 수 있다.

예를 들어, 현재는 알콜이 함유된 상품은 온라인에서 판매가 허용되지 않지만(몇 년 안에 법안 통과가 된다는 이야기도 있다.), 만약 판매가 가능하다고 하면 안주를 경쟁력 있게 판매하는 판매자와 협력하게 되면, 택배비부터 절감되며, 다른 한 가지 상품만을 판매하는 업체와는 비교가 되지 않을 경쟁력을 지닐 수 있을 것이다.

또한, '극장용 먹거리'라는 콘셉트로 팝콘과 음료를 묶어서 판매하는 것도 아이디어일 것 같다.

물론, 자금에 여유가 있다면, 모두 매입하여 판매하는 것이 가장 좋겠지만….

이 책의 주요 내용들은 모두 최소한의 비용으로 실패를 해도 크게 피해가 가지 않는 범위를 원하는 판매자를 위한 기준의 책이기 때문에 오해가 없었으면 한다. ^^

1. 바이럴 마케팅

바이럴 마케팅이란 기존 페이스북, 트위터 등 SNS, 또는 블로그나 카페 등을 통하여 좋은 상품이나 내용을 긍정적으로 정보를 공유하는 마케팅 기법이라고 보면 된다.

처음에는 순수하게 진정성을 가지고 입소문으로 진행되었지만, 최근 이 마케팅 기법은 전문가가 생길 정도로 마케팅 분야에서 가장 큰 파급 효과를 기대할 수 있을 정도로 중요한 부분이 되었다.

이 책에선 오픈마켓에서 상품을 잘 팔 수 있는 방법을 주로 제시하지만, 실제 상품 판매는 개인 홈페이지 및 홈쇼핑 등 서로 다른 여러 채널을 통하여 판매를 하기 때문에, 상품을 가지고 있다면, 트

좋아요 댓글달기

  Troika Korea
[TROIKA 페이스북 오픈 이벤트]
독일의 대표적 비즈니스 중모 액세서리 브랜드 TROIKA

• 경품안내
1등 1명, 트로이카 3단 가죽다이어리 (137,000원)

감분민님 외 14분이 좋아합니다.

공유 142건

이전 댓글 보기

  rk 번창하세요^^ 멋들어집니다!
12월 4일 오후 12:00 좋아요

  트로이카의 페이스북 오픈 축하드려요 그리고 홈페이지
도 엇진 구성 잘 봤습니다. 열심히 공유하고 이야기 나눠요 ♡ ♡
12월 3일 오후 좋아요

  . 트로이카 페북 오픈을 축하합니다^
12월 1일 오후 좋아요

.n 트로이카 앞으로 더욱더욱 번창하세요^^ 갖고
싶은게 넘넘 많은 트로이카!

-참고 이미지 (위 내용과는 관련이 없는 참고 이미지 입니다)

렌디한 마케팅 방법을 사용하는 것도 매출이나 수익 등에 큰 도움이 된다.

그럼 남들이 말하는 바이럴 마케팅, 과연 어떻게 하면 될까?

우선 준비해야 할 것이 있다.

SNS나 블로그 등을 통하여 마케팅을 해야 하기때문에 인맥이 많은 계정을 가지고 있어야 한다.

그것이 없다면, 바이럴 마케팅 대행해 주는 업체를 통하여 광고비를 지불하고 요청을 해야 한다. 전문업체를 선택할 때는 규모와 레퍼런스 등을 미리 체크 해야 한다.

한 번만 노출을 할 건지 월 기준으로 여러 번 반복할 건지에 대해서도 비용이 달라지는데 대충 10만원 이상부터 시작한다고 보면 된다.

노출을 할 때는 어떤 식으로?

보통 이벤트 성으로 제품을 공짜로 한정 수량으로 보내주는 것이 대부분이다. 아무래도 상품이 출시되면 시선을 끌어야 하고 잠재고객들에게 미리 맛보기를 하여 후기로 소문을 낼 수 있기 때문이다.

바이럴 마케팅의 예시

XX 정유회사는 페이지 이벤트 진행을 대행업체에 맡겨 1주일만에 1만 명의 팬을 확보하게 되었는데, 그 방법으로는 팬 수 11만 명을 보유한 SNS계정 파워 페이스북을 활용하여 이벤트 내용을 공

유하여 이루어낸 성과이며, 당시 본사의 팬 수는 32,000명이었으며, 일주일만에 4만 명을 넘겨 4만 명 돌파 이벤트를 추가 진행한 사례가 있다.

본사에서는 2년을 넘는 시간 동안 전력을 다하여 32,000명에 머물던 팬수를 단기간(일주일)에 1만 명을 추가시킨 경우로 바이럴 마케팅이 현재는 트렌드 홍보기법이라 보면 될 것 같다.

2. 큐레이션 서비스

위의 바이럴 마케팅과 비슷하게 순수한 목적으로 시작되어 점점 상업화되어 가고 있는 새로운 마케팅 기법이다.

큐레이터(박물관이나 미술관에서 작품 등을 수집, 전시, 기획하는 사람)을 칭하는 말에서 파생된 단어로 넘쳐나는 정보의 홍수시대에서 각각의 분야의 전문가들이 질 좋은 컨텐츠를 수집 및 공유하여 다른 사람들이 실패하지 않는 소비를 할 수 있도록 도움을 주는 작업이다.

이 서비스는 해외에서는 이미 활발하게 진행되고 있으며, 한국에서도 유사한 서비스의 도입이 시작되었다. 음악이나 영화, 패션, 스포츠, 여행 등 소비자가 관심을 둔 컨텐츠에만 집중되어 보다 빠르게 최신 트렌드와 정보를 쉽게 얻을 수 있는 장점이 있다.

덧붙여, 이 서비스는 개인을 넘어 기업의 경영, 기획, 마케팅, 커뮤니케이션, 홍보담당자들에게까지도 유익한 정보를 끊임없이 제

공할 것이 확실하기 때문에, 가까운 미래에 이 서비스의 위상은 점점 커질 것이라고 예측이 된다.

사이트는 검색에 '큐레이션 서비스'라고 치면 확인이 가능하고, 특히 이 서비스의 특이사항은, 흥미 유발의 요소가 강한 사진들을 기반으로 노출이 되기 때문에 사용자들의 관심 집중도가 무척 높다는 것이다.

아~, 온라인을 통해 상품을 판매한다는 것은, 단순히 상품등록으로 판매만 하면 된다는 생각을 넘어, 시대의 트렌드에 맞게 여러 가지의 마케팅 기법을 사용하여 최대한 노출하는 것이 곧 매출이라는 것을 잊지 말자!

3. 전자상거래에 관련 상품정보 제공에 관한 고시

2012년 11월 중순. 각각의 오픈채널마다 전쟁이 시작됐다.
밤11시.

소셜커머스에서는 현재 판매하고 있는 상품들에 대해 상품정보를 폼에 맞게 작성하지 않으면, 내일 당장 상품의 딜이 내려갈 것이라고 연락이 왔다. 하루 이틀 정도의 시간도 안 주고 이렇게 급하게 진행하는 이유는 온라인 상거래에서 공지를 이전에 했지만, 잘 시행되지 않는 것 같아 임박하게 기간을 준 것 같았다.

깜짝 놀란 판매자들은 우선 폼에 맞게 자신의 상품에 대한 내용

을 작성하여 각각 MD, 피디들에게 전달했으며, 워낙 급하게 진행되다 보니 판매자들이 최대한 상품에 대해 자세하고 성의 있게 내용을 적게 되었고 심지어는, 자세하게 적지 않은 상품에 대해 벌금에 대한 내용이 업데이트되었다.

[상품정보제공 고시] 관련 정보가 미입력된 상품 적발시

500만원 이하의 과태료가 부과될 수 있으며, 경우에 따라서는

[과징금 부과기준 고시]에 따라 영업정지 처분 또는 과징금이 부과될 수 있습니다.

– 상품내용을 적는 양식

4. 소비자가 변하고 있다

온라인 판매채널에 가면 의류부터 가공식품 등까지 저렴하게 파는 세일행사로 도배되어 있는 게 보통이고, 특히 첫 페이지는 노출빈도가 높아 매출로 이어지기 때문에, 각 온라인 판매채널의 마케팅팀은 상단 페이지에 심혈을 기울여 상품 배치를 하게 된다.

그렇다면, 판매채널은 그동안 소비자들이 부담없이 살 수 있는

가격 순서로 상품을 노출하였고, 소비자들은 정상가격에 비해 많이 싼 느낌을 가지게 되어 굳이 필요하지 않더라도 충동구매로 연결되는 부분도 꽤 있었다.

하지만, 이제 소비자가 변하고 있다. 소비자는 자신이 꼭 필요한 상품만을 구매하는 분위기이며, 특히, 2012년 하반기부터의 온라인 판매 변화는 품질이 좋기만 하다면, 가격이 좀 비싸도 구매를 하기 때문에 50만 원 대의 오리털 이불세트가 노출의 강도가 높은 곳에 보이기도 하며, 80만 원대의 TV를 노출시키기도 한다.

기존 오픈마켓에서 백화점에 입점하여 판매하는 것처럼, 무조건 싼 상품들의 행사판매 분위기가 아닌, 가격대를 무시하고 정상가격 대비 저렴하고 좋은 상품을 노출하고 있다.

또한, 농산물의 판매순위를 보더라도 이전에는 무조건 싼 판매자의 상품이 높은 순위를 차지했지만, 이제는 오히려 가격이 몇천 원 비싸더라도 상품이 좋다면 지속적으로 구매를 하고 있다.

저렴한 가격으로 행사하는 상품들만 따라다녔던 소비자들은, 가격이 좀 더 비싸더라도 품질을 우선으로 하고 상품에 대한 충성도도 높아지는 추세라고 보면 되겠다.

5. 모바일 결제

최근 핸드폰을 통한 결제가 많이 이루어 지고 있다. 이 현상은 스

마트폰 등장 이후로 우리나라뿐만 아니라 전 세계적으로 확산되어 증가하고 있다. 온라인을 통해 구매하는 소비자는 10대~30대 정도가 가장 많은 비율을 차지하고 있는데 핸드폰을 통한 결제는 이들의 결제를 더욱 손쉽게 해주고 있다.

최근 정부에서 온라인 상거래의 안전에 대한 정착에 많은 노력을 기울이고 있어 온라인을 통하여 구매하는 것에 대한 의심이나 불신을 가졌던 고객층 또한 줄고 있기 때문에 모바일 결제에 더 큰 힘을 불어넣어 주게 된 상황이다.

이번에는 판매자 입장에서의 모바일 결제를 살펴보자.

일단 카드결제, 실시간계좌이체, 현금결제, 모바일 결제 등의 수수료가 모두 다르다. 모바일 결제를 통한 수수료는 그 중에서 높은 편이나 구매가 많이 이루어지고 있는 시점이라 놓칠 수 없는 판매 라인이다.

하지만, 홈페이지를 따로 가지고 있어 결제 또한 신경 써야 하는 상황이며, 오픈마켓이나 소셜 등 온라인 판매채널을 통하여 판매하고 있다면, 그 모든 수수료는 판매채널에서 감당하기 때문에 굳이 신경 쓸 필요는 없다. 다만, 판매하고자 하는 상품을 등록할 때, '모바일 판매 노출'이라는 부분이 있으니, 꼭 추가하여야 하며, 가끔은 모바일에 노출되는 규격에 맞는 이미지를 추가하여야 하니 귀찮다고 생각하지 말고 정성껏 내용 추가하시길(해외에서 구매할 수도 있음) 바란다.

6. 해외판매 (이베이, 아마존등)

시야가 넓은 판매자는 이미 20년 이상 전부터 해외판매 사이트를 통하여 판매를 시작하였다.

한국에서만 구매할 수 있거나, 특이한 상품 등을 등록하여 높은 마진으로 진행하는 판매자들도 꽤 있다.

예를 들면 아이들을 다 키우고 마땅한 직장을 찾기가 어려웠던 어떤 40대 여성은, 이베이를 통하여 '이태리 타올(목욕탕에서 때미는 녹색 타올)'을 50달러(오만 원 정도)에 판매를 하여 한 장 팔릴때마다 어마어마한 이익을 얻었다.

또 한 가지 예를 들면 걸그룹 '소녀시대'얼굴이 들어간 비타민 드링크의 내용물은 다 마시고 그 걸그룹의 얼굴들을 모아 '이베이'를 통해서 비싼 가격으로 판매를 한다든지, 가수 '싸이'의 '강남스타일'이 세계적인 붐을 일으킬 때, 싸이의 브로마이드를 판매한 케이스 등을 판매한다든지 하는 경우도 있었다.

경쟁에서 이기기 어려운 아이템이라면 굳이 국내에서 힘들게 판매하지 말고, 해외로 눈을 돌리는 것도 좋은 방법이다.

해외도 워낙 광범위하기 때문에, 각자 가지고 있는 아이템이 어느 나라에서 잘 팔릴지 먼저 검색(검색사이트 구글 등)을 한 다음 판매가 많이 될 것 같은 나라를 공략하면 된다.

예를 들어 '비니(실로 만든 모자)'의 경우 1위 러시아, 2위 미국등으로 확인이 되니, 러시아를 우선으로 판매를 고려하면 된다.

나라가 결정이 됐다면, 그 나라에서 판매가 가능한 온라인 사이트를 검색하여 상품을 등록하고, 배송 등은 어떻게 할 것인지만 결정되면, 모든 준비는 끝난다.

'한국은 미래를 살고 있는 나라'라고 전 미국 대통령 클린턴이 얘기를 한 것처럼 한국 내에서의 온라인 판매는 전 세계에서 1위를 할 정도로 활발하게 진행되고 있으며, 아직 해외는 한국의 처음 온라인 판매가 시작될 때의 상황이기 때문에, 한국의 탑셀러들의 판매진행사항을 바탕으로 해외에 벤치마킹하면 될 것이다.

외국에 판매하는 것을 참도 쉽게 설명하는 것 같다고 얘기하는 분이 있을지 모르겠다. 물론 영어를 잘 못한다면, 어려움을 겪을 수도 있겠지만, 한국 내에서도 외국 사이트에서 판매하는 것에 대한 자료나 교육 등이 많이 있으니, 인터넷 검색을 통하여 많은 도움을 받을 수 있다. 항상 긍정적인 마인드로 사업에 임할 것!

그래도 중요한건 온라인판매의 기본은 국내 판매라고 생각한다.

물론 아이템이 해외와 한국이 다르겠지만, 온라인으로 상품을 등록을 하여 판매까지는 단계가 비슷하기 때문이다.

국내에서 판매를 진행해보면서, 소비자들의 심리 및 구매특성 등을 배우고 느끼면서, 온라인 판매 세계를 경험해 보고 해외로 눈을 뻗으면 실패할 확률을 줄일수 있다.

또한, 국내 오픈마켓에도 해외로 판매할 수 있는 사이트가 있으니, 그쪽으로 시도해보는것도 좋은 방법일꺼 같다.

이베이나, 아마존 등 해외 사이트 판매 관련한 서적들이 꾀 나와

있는 것으로 봐서는 이미, 많은 사람들의 관심과 직접 판매하고 있는 수가 많다는 것을 보여준다.

그 책들을 읽어보면, 국내의 오픈마켓보다 몇단계를 뛰어넘을 만큼 검색부터 판매까지 시스템이 잘 갖추어져 있으며, 국내에서는 상품과 가격 등이 기준이라면, 해외사이트는 국내 기본에서 다른판매자 및 현재 판매되고 있는 상품을 검색을 통하여 중복등을 피할 수 있고, 마켓 내부의 검색엔진을 여러번 다루게 되면, 어떤 상품이 향후 잘팔릴수 있는지 찾을 수 있는 능력이 생기게 된다.

그래서 '유투브'등에 쉴새없이 올라오는 동영상들은 검색을 관련한 부분들이 많이 다뤄지고 있다.

국내든 국외든 온 '라인판매'라는 같은 기준이라, 국내/해외 모두 진행해보면서 양쪽의 장점을 벤치마케팅을 하면, 남과는 좀더 다른 방향으로 새롭게 다가갈수 있을것이라 생각한다.

예를 들어, 해외 사이트중에서 'this is why I broke'라는 사이트가 있는데, 실제로 이 사이트를 만든 주인공은 그동안 온라인판매로 실패를 통해서 자기만의 색깔로 만든 특별한 케이스다.

남들이 판매하지 않는 상품들, 즉 특이한 아이템을 모아 판매하고 있고, 사이트 디자인 또한, 기존방식에서 벗어나 신선하고 구매자를 끄는 매력을 가지고 있다. 중간에 수수료가 아무도 모르게 적립되는 구조로 되어 있어 '꿩먹고 알먹고' 라고 할까.

위와 같은 중간수수료를 챙기는 사이트는 국내에도 종종 있다.

상품들을 소개하면서 상품사이트로 이동하는 웹주소를 추가하

면, 본인의 사이트에서 연결된 사이트에서 구매하면 중간수수료를 받을수 있다.

이 부분은, 상품소개자 웹사이트의 주소를 잘 읽으면, 중간수수료가 연결되어 있는지 여부를 확인할수 있다.

만약, 당신이 상품을 소개하는 것을 좋아한다면, 이 비즈니스모델을 추천한다.

결국, 무조건 상품을 만들어서 파는게 아닌, 자신의 장점과 관심이 있는 분야로 고민을 하면, 돈을 벌수 있는 길이 생긴다. 물론 돈이 전부는 아니지만, 온라인판매에서의 성공은 매출, 이익 부분이다.

실전편

준비 완료!
내 사업 시작하기

01
상품(아이템)

- 내가 판매하려는 상품은 무엇?

- 어떤 카테고리에 들어가는 걸까? (예시; 패션, 가공식품 등)

- 내 상품의 원가는? (경쟁력여부)

내 상품의 원가는 나의 순수익으로 연결되는 가장 중요한 부분이다.
각 아이템별로는 다르겠지만, 제조사와 협상을 통하여 경쟁력있는 도매
가로 공급받을수 있도록 할것!

주로 고객들이 내 아이템을 구매하면서 같이 관심을 가질 만한 상품을
조사하여 판매가가 조금 비싸더라도 함 께 보이도록 전시해 놓으면 고
객들은 배송비를 아낄 수 있다는 판단 하에 함께 구매할 가능성이 높다.

02
판매가

- 각 판매채널에서 내가 파는 카테고리의 수수료는 얼마인가?

  (각 채널마다 수수료가 조금씩 다르며, 관리자페이지에서 확인가능)

- 현재 내 상품을 다른 판매자들은 얼마나 팔고 있나?

  (아무도 팔지 않는 독점상품이라면 상관없음)

- 경쟁자 판매가(배송비유무)와 수수료를 대비 했을때 얼마에 팔면

  될까?

판매가의 끝자리가 얼마냐에 따라 판매가의 이미지가 달라질수 있다.

소위 MD들이 가지고 있는 상식의 판매가 끝자리 이미지

끝자리 900원 → 싸게보이는 효과

끝자리 800원 → 신뢰할만한 가격

끝자리 700원 → 뭔가 신경쓰이는 가격

끝자리 500원 → 애매한 가격

- 내 상품의 크기와 무게는 얼마?
- 상품은 몇개까지 묶어서 배송이 가능한가? (박스기준)
- 배송비용은 택배사와 단가계약을 얼마에 하였나?

TIP 1

상품의 부피와 무게가 적을수록 택배비 단가를 내릴 수 있으나, 택배사 입장에서는 물량이 한 번에 많이 나가지 않는 이상 단가를잘 내려주지 않으니, 적당하게 협상하는 것이 좋으며, 천천히 계약단가를 내리는 방향을 추천! 웬만큼 물량이 늘어난다면, 택배 소장님께 더 많은 물량이 나올 것이라고 자신감을 보여주는것도 괜찮음.

TIP 2

유료배송 vs 무료배송

배송비를 판매가에 포함하여 무료배송으로 정해야 할지, 판매가 외에 따로 결제하는 방법인 유료배송으로 판매해야 할지는, 상품마다 다르게 적용된다.

우선, 경쟁자들이 어떻게 적용해서 판매하는지 조사한다음 경쟁력 있는 방법으로 진행하는 게 좋을 것이다.

또한, 유료배송에는 선결제와 후결제가 있는데, 아무래도 무조건 선결제를 선택한다면, 구매자의 경우 택배기사에게 직접 지불하지 않아서 편하며, 판매자의 경우에도 택배 배송 단가가 구매자가 실제 결제한 배송비보다 낮다면, 그 차이나는 만큼은 판매자에게 마진이 되므로 좋은 방법이라 하겠다.

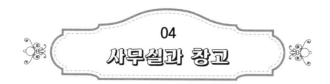

04
사무실과 창고

- 사무실과 창고의 위치는?

- 택배사와 사무실의 거리는?

규모가 큰 판매자나 상품이 다른지역에 창고가 있어 발주를 다른 곳 기준으로 하지 않는 이상, 되도록이면, 사무실과 창고가 같이 있는 것이 좋고, 규모가 클 필요가 없다면, 가정집에서도 사업이 가능하다.

택배사와 사무실이 가까우면 택배사의 배송마감시간(보통 저녁 9~10 사이)을 벌수 있다. 아무래도, 구매자의 급한건이나 사고처리를 해줄때는 가까운게 좋다.

온라인 판매를 하는 소소한 판매자들을 위해서 운영되는 공동사무실이 있다. 월비용도 저렴한 편이며, 규모에 따라서 이미지 사진을 찍을수 있는 장소도 마련되어 있으며, 택배사 또한 계약이 되어 있어서, 택배사에서 픽업하러 오는 시간만 맞추면 배송은 편리하다.

05
이름짓기

* 각 판매채널에 등록되는 스토어, 미니샵의 이름짓기는 상호처럼 내 브랜드의 이름이라고 생각하면 된다.

- 내 스토어의 이름과 의미는?
- 내 스토어의 이름에 대해 주위사람들의 반응은?

TIP 1

판매자의 이미지와 신뢰감을 형성하는 아주 중요한 첫걸음이다. 예를 들어, 겨울에 귤을 판매하려 한다면, 오랫동안 좋은 품질로 믿음직한 판매자의 이미지를 부각시키고 싶다면, 2대~3대 째 내려오는 감귤농장의 가족 컨셉으로 '감귤농장아들'이라고 지은 성공 케이스가 있다. 이처럼 스토어 이름짓기는 상품에 대한 이미지나 판매자의 의지 등을 담아서 아이디어를 내고 신중하게 결정해야 한다. 특히, MD들은 스토어이름(판매자이름)에도 민감하니, 잘만 짓는다면, MD나 구매자들에게 좋은 점수를 얻을수 있다.

TIP 2

한가지 덧붙이자면, 내 스토어를 대표할 만한 이미지를 만드는 것도 좋다. 각 판매채널마다 스토어 대표이미지를 추가할수 있는 기능이 있으며(물론 이미지 사이즈는 모두 다름) 추후 쇼핑몰을 오픈할 경우를 생각하고 있다면, 미래에 대한 준비라고 보면 되겠다.

06
상품등록

(온라인판매의 가장 핵심!)

- 우선 제목란(50자에서 100자 내외)에 충분히 내용을 적었나?

  (3번 탑셀러의 공통점 재확인할것!)

- 각 판매채널이 원하는 사이즈로 이미지를 만들었나?

  (보통 가로 800 ~ 1000 pixel 이며, 세로는 원하는 만큼. 이미지 대행업체에
  요청하면 같은 이미지를 여러 사이즈로 만들어 줌.)

- 다른 경쟁업체와 내 상세이미지와 차이점은 무엇인가?

  (더 임팩트 있고 간결한지 여부)

- 목록이미지(상품 검색시 왼쪽에 노출되는 정사각형의 썸네일 이미지)가 눈
  에 확 띄게 심플하게 만들어 졌는가?

- 판매가 입력란에 할인율을 추가할 경우 그 할인율에 대한수 수료
  도 차감하는지 확인하였나?

  (예: 정상가 20,000원/ 판매가 10,000원/ 할인가 10,000원인 경우 할인가에
  대한 수수료를 차감하는 판매채널이 있음)

- '전자상거래관련 상품정보 제공에 관한 고시'를 상세하게 작성하였나? (자세하지 않거나, 거짓정보로 판명될 경우 과징금)

TIP 1

상품등록중에 쿠폰은 두가지 종류가 있다. 한 쿠폰은 추가하면 기존 수수료에서 1 ~ 3% 정도의 할인을 해주고. 다른 한 쿠폰은 같은 카테고리에서 다른 판매자와 비슷한 판매량이 나왔을 때, 좀 더 위로 노출해주는 것이 있다. 오픈마켓에 따라 주에서 월단위까지 원하는 기간만큼 구매할 수 있으며, 기간에 맞춰 비용이 든다.

TIP 2

내 상품이 과세인지 비과세인지 인지 후, 등록 시 꼭 확 인하고 선택할 것! 만약, 비과세의 경우 과세로 선택하 면, 모든 판매에 대한 매출이 과세로 잡혀 많은 세금을 내야 한다.

TIP 3

수량을 지정할 때에는, 한정상품이 아닌 이상, 최대수량을 넣으면 된다 (예; 9,999). 그렇지 않으면, 판매수량이 '0'인 경우, 판매자도 모르게 품절이 되어 판매가 불가한 상태로 전환되기 때문이다. 혹시 모르니, 판매가 많이 된 상품페이지 같은 경우는, 가끔 남은 수량을 확인해 볼 것!

07
광고하기

(판매하기단계 – 오픈마켓만 적용)

- 내가 파는 상품의 키워드는?

- 내 '키워드'의 현재 입찰가격은?

- 내 '키워드'의 과거 입찰가격은? (과거입찰가격을 비교해 보면 오늘의
  입찰 가능금액을 가늠할수 있음)

- 내가 광고하려는 오픈마켓의 입찰마감시간은? (채널마다시 간이 다
  르며, 보통 4 ~ 6시 사이로 마감 직전에 낮은 가격으로 입찰 하는것도 광고비
  절약할 수 있는 방법)

 광고는 일단위, 주단위, 월단위로 나눠지며, 대분류, 중분류, 소분류 등
어느 페이지에 노출되느냐에 따라 나눠진다. 또한, 동일한 페이지에서
도 위쪽이냐 아래쪽이냐에 따라 나눠지니, 내가 원하는 곳이 어디인지
정확하게 확인하고 입찰할 것!Tip 3

 입찰할 때, 기간을 정하는 캘린더가 있는데, 기본적으로 일주일에서한
달로 세팅이 되어 있으니, 생각없이 입찰 가격만 넣고 입찰버튼을 누른
다면, 나도 모르게 일주일 에서 한 달 동안 계속 입찰이 진행되니 꼭 확
인할 것!

외부광고업체

광고 관련해서 가끔 외부 광고업체에서 전화가 오는 경우가 있다. 그들도 나름 장기간 비즈니스를 생각하고판매 증진에 도움이 될 만한 업체를 찾아 연락을 하는 것이니, 무조건 부정적으로만 생각하는 것은 금물. 포털사이트에 나오는 '키워드검색'은 따로이며, 오픈마켓과 소셜에서 노출되는 것을 말한다. 어디에 노출되느냐에 따라 광고비용이 달라지며 (몇 만 원부터 몇백 만 원까지 있음), 최근에는 아예 '스마트클릭'이라는 부분이 생겨 외부업체를 통해서만 노출이 가능하게 되어 있다. 만약, 원하는 부분에 노출을 원한다면, 기존 광고 부분에 올라와 있는 판매자의 상품과 가격, 상품후기 등을 공부하여, 광고업체가 요구하는 광고비의 효과부분을 확인후 결정하면될 것이다.

08
주문받기

- 각 판매채널의 관리자 페이지에서 주문양식을 엑셀로 모두 다운 받았나? (채널별 발주 다운 양식은 다름. 채널에 따라 순서 지정 가능)
- 계약되어 있는 택배사의 발주 양식은 어떻게 구성되어 있나?
  (채널에서 받은 양식을 택배사의 발주 양식에 맞춰야 택배 송장을 뽑을수 있음)

TIP 1
주문내역을 엑셀로 정리할 때, 수취인과 주소로 정렬을 해보면, 같은 내용이 나오는 경우가 있으니, 묶음배송으로 처리하면 됨(한 건만 묶어도 택배비 한 건이 마진이 될수 있음)

TIP 2
판매채널이 여러 곳이다 보니 각각 판매 페이지에 들어 가서 상품을 등록하고 주문 발주서를 매일같이 확인해야 하는 번거로움이 있다. 이를 극복하려면 통합관리시스템을 이용하면 된다. 편리한 점이라면, 상품등록을 한 번에 일괄적으로 하기 때문에 배송관리부터 SMS문자전송, 이미지 호스팅까지 통합적으로 사용할 수 있다. 여러 업체가 있으며, 업체마다 관리 비용이 조금씩 다르니 확인해 보고 사용하면 될 것이다.

TIP 3
판매가 많이 되면 될수록 판매자의 상품은 해당 페이지의 상단에서 노출된다. 노출 빈도는 주문 수량, 택배 송장 입력 수량, 택배 발송 확인을 누른 수량, 고객의 후기 작성 개수 등에 따라 결정된다. 따라서 적정재고를 보유 하여 주문시 배송이 바로될수 있도록 처리하는 것이 좋다.

09
배송하기

- 주문건에 대한 재고가 안정적으로 확보가 되어 있나?

- 배송중에 문제가 없을만하게 포장은 튼튼하게 되어 있나?

- 만약, 배송이 여러사유로 인해 지연된다면, 구매자들에게 미리
  알려주었나? (유선이나 SMS 사용)

아이템에 따라 상품 그대로에 택배 송장만 붙여서 보내거나, 박스에 넣어서 박스 위에 송장을 붙여서 보낼 수 있음. 다만, 무조건 포장을 해야 한다는 고정관념은 버리고, 원가절감 차원에서 포장에 대한 아이디어를 내는 것도 좋다.

재고 부족및 여러 이유로 배송이 늦을 경우는 고객에게 전화나 SMS 문자 발송으로 미리 공지를 하여 무작정 기 다리지 않도록 해야 한다. 판매자의 연락없이 배송이 지연되면 고객의 입장에서는 짜증이 나며, 상품이 맘에 들지 않으면, 여러 사유로 반품 또는 교환으로 이어지기도 하기 때문이다.

배송중 문제 건

상품 배송 중 택배사의 오류나 택배기사의 과실로 인한 파손 및 분실된 건은 확인만 된다면, 택배 본사를 통해 상품 정상가격 기준이 아닌 원가 기준으로 보상을 받을 수 있다. 택배사와 택배비 계약 시 파손 및 분실에 대한 사항도 유리한 방향으로 계약하는 것이 좋다.

10
고객센터

* 각 판매채널에 등록되는 스토어, 미니샵의 이름짓기는 상호처럼
내 브랜드의 이름이라고 생각하면 된다.

- 고객센터 전화번호는 세팅되었나?

- 확실하게 응대할수 있는 시간은 몇시부터 몇시인가?

- 각 판매채널에 들어온 문의사항을 응대해주고 있는가?

TIP 1
되도록이면 응대할 수 있는 시간의 지정 기준을 주문건 발송 처리하기 전까지로 정하는 게 좋다. 고객의 수신 주소변경및 연락처, 또는 주문건 취소, 변경, 클레임 건까 지 정리하고 발송 처리를 하는 것이 깔끔하기 때문이다.

TIP 2
클레임 건에 대해 보상(심리적, 시간적, 전화비 등)을 요구하는 고객이 있으니, 같이 흥분하지 말고, 적당한 범위 안에서 기분좋게 해결책을 제 시하라. 고객 이기는 판매 자 없다. 내 상품에 그만큼 관심이 있다는 것이니, 오히 려 충성고객으로 전환되도록 친절하게 응대해야 한다.

TIP 3
반품및 환불 건에 관한 규정
판매 경험이 없을 경우, 내 카테고리에서 판매하는 탑셀러의 상세페이 지에 가면 하단에 자세하게 적혀 있으니, 여러 개의 셀러 규정을 확인하고, 공통적이고 본인에게 필요한 부분을 모아서 정하면 된다.

11
상품평 관리

- 매일은 아니더라도 상품후기를 얼마나 자주 확인을 하는가?

- 판매 대비 몇 퍼센트의 상품후기가 올라와 있는가?

- 상품후기에 댓글을 달아 줬는가? (필수는 아니지만, 고객에게 좀더 가까이 다가갈 수 있음)

- 악성후기는 없는가?

특히 사업 초기에는 후기를 매일같이 확인하는 것이 좋다. 내가 판매하는 상품에 대해 고객들이 어떻게 생각하는지 아는것이 좋으며, 배송 관련된 내용도 올라오니 꼭 확인할 것!

악성후기 대처법

악성 후기는 판매에 치명적인 영향을 끼칠 수 있다. 특히나, 온라인을 통한 판매는 소비자들이 상품을 직접 볼 수 없기 때문에 상품 후기를 참조하여 구매로 이루어지는 경우도 많기 때문이다. 만약, 수위가 높은 악성 후기라면, 그 후기를 작성한 구매자와 컨택을 하여, 불만에 대한 보상을 해주고, 글 삭제 요청을할수 있다.(판매채널에 올린 후기는 본인만이 고객센터에 요청하여 삭제 가능)

  사업자 등록하는건 옛날과 다르게 정말 쉬워졌다.

  이제 온라인으로 직접 등록 할 수 있으며, 일반적으로는 '소매', '전자상거래'로 선택한다. 홈택스 페이지에서 본인 (대표자)의 공인 인증서만 있으면 쉽고 빠르게 신청할 수 있다. 사업자등록 신청서를 다운받아 프린트를 한후 인적사항 및 사업자 소재지 등을 작성하고 소소셀러로 시작하는거라면, 간이과세자와 일반과세자 중에 간이과세자로 추천을 한다.

  이유는 세금부담이 적기 때문이다. 하지만, 1년동안 발생된 소득이 48백만원 이상일 경우 자동으로 일반과세자로 변경이 되니 (관할세무서에서 연락옴) 소득신고전에 미리 한번 확인해 보는것도 좋다.

  등록신청을 하고 나서 관할 구청으로 내방하여 통신판매업 신고를 하고 신고번호 발급받으면 완료!

에필로그

난 여자다.

그리고 30대이다.

여자로 태어난 게 자랑스럽고 행복한 사람 중의 하나다.

아직 한국은 여자로써 갖는 직업에 많은 제약이 따르고 있다.

그나마 다행인 건,

나라에서도 지원도 많이 해주려고 노력하고 있고,

한국 남자들도 신세대는 애인이든 반려자든 그녀들에게

많은 힘도 실어준다는 것이다.

여자라고 해서 힘쓰는 일을 하면 안 되며,

남자라고 해서 간호사 같은 직업을 하지 말라는 고정관념은

사라지고 있다.

이 힘든 세상, 잘 버텨내려면,

남자든 여자든 어떤 제약도 신경 쓸 것 없이

할 수 있는 것은 무조건 해보는 것이

내 자신의 능력의 끝을 확인할 수도 있고 또한 생각지도 못한

기회도 주어진다고 생각한다.

난 온라인사업을 하면서,

억세다는 택배사 아저씨들과 씨름해야 했으며,

추운 한겨울에 매일같이 10kg짜리 박스를 밤 10시 넘어서까지

까대기[14]를 해야 했으며,

때로는, 무서운 택배사 소장과 택배비 결판을 짓기 위해

대범하고 큰 자금을 가진 사람처럼 미팅을 하기도 했으며,

무거운 24kg의 상품을 들고 밴딩 작업하러

왔다갔다 옮기기도 했으며,

잘나간다는 타 경쟁업체의 남자 사장들에게

무시를 당해보기도 했으며,

여자가 온라인 사업을 한다고 무시하던 남자들이 있었지만

만약 그들이 이 책을 읽게 된다면,

난 이제 그들에게 웃는 얼굴로 대할 수 있을 것 같다.

……

온라인 사업을 하면서,

내가 평생 겪지 못했을 법한 만한 일들을 짧은 시간 내에

많이 경험했고,

그 경험이 나를 더 강하게 만들었다.

---

14) 물건을 한 장소에서 다른 장소로 옮길때 쓰이는 말

내가 강해지지 않으면,

아무도 나를 알아주는 사람이 없다.

항상 공부하고,

내 자신의 내공을 쌓으면서,

준비를 한다면,

세상에 안 되는 일은 없다고 생각하며,

내 글을 읽어 주신 모든 분들과

특히, 나처럼 희망을 가진 모든 여자분들에게 파이팅하며

이 글을 맺는다.